Die in diesem Band gesammelten Aphorismen, Reflexionen und Meditationen des großen indischen Schriftstellers und Philosophen Rabindranath Tagore stellen nicht nur die Essenz seines religiös-philosophischen Denkens dar, sie zeigen zugleich, wie sich das spirituelle Gedankengut Indiens mit großem Gewinn auf das Leben heute übertragen lässt, zumal er sich in seinen Texten zum Teil direkt an seine westlichen Leser wendet, um ihnen Wesen und Geist Indiens nahe zu bringen. Dabei schöpft er aus den reichen Quellen hinduistischer und buddhistischer Überlieferungen, die in seiner Familie in Andachten und praktischem Handeln lebendig gehalten wurden.

Eine tägliche Quelle der Inspiration, der Ermutigung und des Trostes.

Rabindranath Tagore (1861–1941) gilt als der bedeutendste indische Dichter der Moderne. 1913 erhielt er als erster Schriftsteller außerhalb des westlichen Kulturkreises den Nobelpreis für Literatur. Tagores universales Genie ist oft mit dem Goethes verglichen worden. Er war aber nicht nur Lyriker, Erzähler und Dramatiker, Sozialreformer und politischer Aktivist – er war vor allem auch Philosoph und Mystiker und wird in Europa deshalb bis heute als »Weiser des Ostens« verehrt.

Unsere Adresse im Internet: www.fischerverlage.de

Rabindranath Tagore

Indische Weisheiten
für jeden Tag

Übersetzt und herausgegeben
von Axel Monte

Fischer Taschenbuch Verlag

Veröffentlicht im Fischer Taschenbuch Verlag,
einem Unternehmen der S. Fischer Verlag GmbH,
Frankfurt am Main, Oktober 2009

© 2006 an Auswahl und Übersetzung dieser Texte by
S. Fischer Verlag GmbH, Frankfurt am Main
Druck und Bindung: Druckerei C. H. Beck, Nördlingen
Printed in Germany
ISBN 978-3-596-17091-3

Die Gabe der Liebe
kann nicht verliehen werden,
sie wartet darauf,
angenommen zu werden.

Ganesha

1. JANUAR

Letzte Nacht war ich im Traum wieder der kleine Junge aus der Zeit vor dem Tod meiner Mutter. Sie saß im Gartenhaus am Ufer des Ganges. Ich ging einfach an ihr vorbei, ohne sie zu beachten. Plötzlich spürte ich mit unsagbarer Sehnsucht im Herzen ihre Anwesenheit. Sofort blieb ich stehen, lief zu ihr zurück, beugte mich tief vor ihr nieder, bis mein Kopf ihre Füße berührte. Sie hielt meine Hand, sah mir ins Gesicht und sagte: »Du bist gekommen!«

In dieser großen Welt gehen wir achtlos an der Mutter vorbei. Ihre Vorratskammern stehen offen, wenn wir hungrig sind, und wenn wir müde sind, ist unser Bett bereitet. Doch wir vermissen ihre Stimme und ihre Berührung. Wir streifen weit umher, kommen ihr aber nie nah genug, damit sie unsere Hand halten und sagen kann: »Du bist gekommen!«

2. JANUAR

Spirituelles Leben bedeutet Emanzipation des Bewusstseins. Es lässt uns in allen Dingen den unmittelbaren Widerhall der Seele wahrnehmen. Bevor wir dieses Leben erlangen, erblicken wir wegen der Distanz, die uns umgibt und die wir nicht überbrücken können, die Menschen durch einen Schleier des Eigennutzes und des Vorurteils. Wenn dieser Schleier fällt, sehen wir nicht nur die vergänglichen Formen dieser Welt, sondern kommen ihrem ewigen Wesen nahe.

3. JANUAR

Ich bemerkte in meiner Jugend zunächst nicht, dass meine Sehkraft nachgelassen hatte. Als ich einmal durch Zufall eine Brille aufsetzte, sah ich plötzlich alles viel klarer. Ich hatte das Gefühl, ich sei der Welt doppelt so nahe wie noch einen Augenblick zuvor. So ein Näherkommen existiert auch auf spiritueller Ebene. Dadurch macht man sich die Welt mehr zu Eigen, als man ermessen kann – so wie man sich ein Instrument zu Eigen macht, indem man es nicht einfach nur besitzt, sondern darauf musiziert.

4. JANUAR

Viele suchen in der äußeren Welt nach Zeichen von spiritueller Wahrheit. Auf dieser Suche stoßen sie vielleicht auf Gespenster oder einige übersinnliche Phänomene, aber das führt ebenso wenig zu spiritueller Wahrheit, wie neue Einträge in einem Wörterbuch Literatur hervorbringen.

5. JANUAR

Heute ist der besondere Tag des Jahresfestes unseres Ashram, und wir müssen uns die Zeit nehmen, im Herzen dieses Ortes die Wahrheit zu verwirklichen, die Schönheit ist. Darum haben wir unsere Lampen entzündet. Morgens geht die Sonne strahlend auf, und in der Dunkelheit leuchten die Sterne. Doch das genügt uns nicht. Solange wir nicht unsere eigenen kleinen Lampen entzünden, leuchten die Lichter des Himmels vergebens. Solange wir nicht selbst unsere Vorbereitungen treffen, wartet der große Reichtum, den die Welt für uns bereithält, wie die Saiten der Laute auf die Berührung des Fingers.

6. JANUAR

Ich will mein Licht anzünden«, sagte der Stern, »und niemals danach fragen, ob es dabei hilft, die Dunkelheit zu vertreiben.«

7. JANUAR

Um die Welt der Natur brauche ich mir keine Sorgen zu machen. Die leuchtende Sonnenscheibe wartet nicht darauf, dass ich ihr zu Glanz verhelfe, indem ich sie poliere. Aber von frühmorgens an gelten all meine Gedanken meiner eigenen kleinen Welt. Ihre Bedeutung besteht darin, dass sie meiner Obhut überlassen wurde. Sie ist groß, weil es in meiner Macht steht, sie würdig zu gestalten. Sie ist groß, weil ich mit ihrer Hilfe dem Gott der ganzen Welt meine Gastfreundschaft anbieten kann.

8. JANUAR

Unser Alltag wird von einem Gefühl des Mangels bestimmt. Wir müssen mit den uns zur Verfügung stehenden Mitteln sorgsam haushalten. Wir stehen als Bettler vor Gott und bitten Ihn, dass Er unser Leben mit Freude erfüllt. An Festtagen stellen wir jedoch unsere Reichtümer zur Schau und scheuen uns nicht, freigebig zu sein. An solchen Tagen bringen wir Gott unsere Freude als Geschenk dar. Wir begegnen Gott dann wahrhaftig, wenn wir mit unseren Gaben zu ihm kommen und nicht mit unserem Mangel.

9. JANUAR

Der Mensch entdeckt seinen Reichtum, wenn Gott Geschenke von ihm fordert.

10. JANUAR

Es ist ein großer Augenblick in unserem Leben, wenn wir die Möglichkeit bekommen, Gott unsere Gastfreundschaft anbieten zu können. Wir leben in Gottes Welt, haben Ihn aber vergessen. Blindes, einseitiges Nehmen kann niemals zur Wahrheit führen. Es gleicht einer Wüste, die Regen empfängt, aber nie Früchte hervorbringt. Diese Art des Empfangens ist ohne Sinn. Gottes Welt wurde uns geschenkt, aber erst, wenn wir unsere Welt Gott darbieten, erfüllt diese Gabe ihren Sinn.

11. JANUAR

Wenn ich die große Welt über meiner Alltagsroutine aus den Augen verloren habe, wächst in mir der Glaube, ich sei unentbehrlich. Von den vielen Mitteln, mit denen die Natur dem Menschen Arbeit entlockt, ist dieser Stolz eines der wirksamsten. Wer allein für Geld arbeitet, arbeitet nur so lange, wie es seinem Lohn entspricht. Alles, was darüber hinausgeht, würde für ihn einen Verlust bedeuten. Aber diejenigen, die der Stolz zur Arbeit treibt, finden niemals Ruhe, ihr Pensum ist nie erledigt.

12. JANUAR

Die Menschen betrachten ihr inneres Verlangen danach, zu *sein*, auf zwei verschiedene Weisen. Manche halten es für einen Impuls der schöpferischen Macht, andere für einen freudigen Ausdruck der schöpferischen Liebe. Und die Menschen setzen sich im Leben unterschiedliche Ziele, je nachdem, ob sie ihr Sein als eine Offenbarung der Macht oder der Liebe empfinden. Der Wert, den unser Leben durch die Macht erhält, ist gänzlich verschieden von dem, den es durch die Liebe erhält. Auf dem Feld der Macht treibt uns unser Stolz genau in die entgegengesetzte Richtung von der auf dem Feld der Liebe.

13. JANUAR

Bloße Macht ist messbar. Ihre Größe, ihr Gewicht, ihre Kraft – alles kann mathematisch berechnet werden. Also richten die Machthaber all ihre Anstrengungen darauf, an schierer Masse überlegen zu sein. Sie werden ständig versuchen, die Mengen zu vervielfachen: die Menge der Menschen, die Menge des Geldes und die Menge der Maschinen. Bei ihrem Streben nach Erfolg opfern sie den Reichtum anderer, die Rechte anderer und das Leben anderer – denn Opfer sind das Wesen dieses Machtkultes, und die Erde färbt sich rot von ihrem Blut.

14. JANUAR

Die Ungeschicklichkeit der Macht zerbricht den Schlüssel und greift zur Axt.

15. JANUAR

Das besondere Merkmal des Materialismus besteht in der Vermessbarkeit seiner äußeren Gestalt, die auch in seinen undurchlässigen Grenzen Ausdruck findet. Die meisten Auseinandersetzungen in der Geschichte der Menschheit haben um diese Grenzen stattgefunden. Die eigenen Grenzen auszudehnen geschieht notwendigerweise auf Kosten anderer, was wahren Frieden unmöglich macht.

16. JANUAR

Wir gleichen einer verloren gegangenen Gedichtzeile, die spürt, dass sie sich auf eine andere Zeile reimt und diese finden muss, um zur Erfüllung zu gelangen. Diese Suche nach dem Unerreichten ist der starke Impuls im Menschen, der seine besten Schöpfungen hervortreibt. Der Mensch ist sich der Trennung an der Wurzel seines Wesens zutiefst bewusst. Er sehnt sich danach, sie durch Vereinigung zu überwinden, und in seinem Innersten weiß er, dass es die Liebe ist, die das vollbringen kann.

17. JANUAR

Unser Wille erreicht seine Vervollkommnung, wenn er mit der Liebe eins ist, denn nur Liebe ist wahre Freiheit. Diese Freiheit besteht nicht im Negieren von Bindungen. Sie geht vielmehr bereitwillig Bindungen ein, denn Bindungen fesseln nicht, sie sind der Maßstab wahrer Freiheit. Die Beseitigung von Bindungen geschieht durch die Verweigerung des Dienens, Freiheit jedoch besteht im Dienen selbst. Wie ein Dichter aus einem bengalischen Dorf sagte: »Der Zweck der Liebe ist weder Freude noch Schmerz, sondern Liebe allein. Liebe verleiht Freiheit, indem sie bindet, denn Liebe ist, was vereint.«

18. JANUAR

In der Liebe zu erwachen bedeutet nicht, in einer Welt der Annehmlichkeiten zu erwachen, sondern in einer Welt der heroischen Anstrengungen, wo das Leben seine Ewigkeit durch den Tod gewinnt und die Freude ihren Wert durch Leid. Liebe verwirklicht sich in allem, was uns mit Verlust bedroht. Armut fürchtet schon den geringsten Verlust, Reichtum ist verschwenderisch im Geben. Liebe ist der Reichtum der Seele. Da sie ihre Kraft aus sich selbst bezieht, bettelt sie nicht um Anerkennung und fürchtet weder Bestrafung noch Ablehnung durch andere.

19. JANUAR

Die Welt der Dinge, in der wir leben, gerät aus dem Gleichgewicht, wenn die Verbindung zur Welt der Liebe verloren geht. Dann muss unsere Seele teuer für Sachen bezahlen, die eigentlich wertlos sind. Das kann nur geschehen, wenn die Gefängnismauern der materiellen Dinge uns vortäuschen, endgültig zu sein. Dann kommt es zu Streit und Eifersüchteleien und zu dem Zwang, um Raum und Möglichkeiten kämpfen zu müssen, weil beide begrenzt sind. Dieser Tyrannei entrinnt man nur durch ein Leben in Liebe. Dann verlieren die Dinge ihren fiktiven Preis, und wir erlangen unsere spirituelle Freiheit.

20. JANUAR

Es fällt uns schwer, uns aus dem festen Griff unseres Besitzes zu befreien, denn im Zentrum seiner Schwerkraft liegt unser Ego. Die Macht vollkommener Liebe wirkt genau in die entgegengesetzte Richtung. Darum befreit uns die Liebe von der Last der Dinge. Daher sind die Tage, an denen wir freigebig sind, unsere wahren Festtage. Um frei zu sein, brauchen wir keine Entlastung vom Druck der äußeren Welt, sondern Liebe, die die Macht besitzt, die Last der Welt nicht nur mit Leichtigkeit, sondern sogar mit Freude zu tragen.

21. JANUAR

Wenn wir das Theater des Lebens betreten, setzen wir uns mit dem Rücken zur Bühne. Wir betrachten die vergoldeten Säulen und die Dekorationen, wir sehen das Kommen und Gehen der Menge, und wenn am Ende die Lichter verlöschen, fragen wir uns verwundert, was der Sinn des Ganzen gewesen ist. Hätten wir der inneren Bühne Beachtung geschenkt, wären wir Zeugen des ewigen Schauspiels der liebenden Seele geworden und hätten bemerkt, dass es zwar Pausen hat, aber kein Ende.

22. JANUAR

Dunkelheit ist das, was unser Bewusstsein in uns isoliert. Sie verbirgt die große Wahrheit unserer Einheit mit der Welt und erzeugt Zweifel und Unsicherheit. Wenn wir im Dunkeln tappen, stoßen wir gegen einzelne Dinge und klammern uns daran fest, weil wir glauben, sie seien alles, was wir haben. Wenn das Licht kommt, lockern wir unseren Griff, weil wir erkennen, dass diese Dinge bloß ein Teil von allem sind, mit dem wir in Beziehung stehen. Das ist Freiheit – Freiheit von der Isolation des Selbst, von den isolierten Dingen, die unserem Besitzstreben eine so große Macht verleihen. Gott ist unsere Freiheit, denn Er ist das Licht, und in diesem Licht erkennen wir die Wahrheit, die in unserer vollkommenen Beziehung zu allem besteht.

23. JANUAR

In der Dunkelheit nimmt die Furcht grenzenlose Ausmaße an, weil sie der Schatten des Selbst ist, das seinen Halt in der Allseele verloren hat – das Selbst, das zweifelt, das ungläubig ist, das die Verneinung betont und vereinzelte Tatsachen auf beängstigende Weise vergrößert und verzerrt. Im Licht der Allseele erkennen wir die Harmonie der Dinge, und wir erkennen auch, dass die Konflikte mit fortschreitender Erkenntnis der Wahrheit verschwinden werden, denn das Sein selbst ist Harmonie.

24. JANUAR

Meine Wolken, die in der Dunkelheit klagen, vergessen, dass sie selbst die Sonne verdeckt haben.

25. JANUAR

Es gibt Menschen, deren Vorstellung vom Leben statisch ist. Sie sehnen sich nach einem Leben nach dem Tod, weil sie Beständigkeit wollen, keine Vervollkommnung. Sie lieben die Vorstellung, dass die Dinge, an die sie sich gewöhnt haben, für immer bestehen bleiben. Sie identifizieren sich ganz und gar mit allem, was sie angesammelt haben, und es aufzugeben würde für sie den Tod bedeuten. Sie vergessen, dass der wahre Sinn des Lebens darin besteht, ihm zu entwachsen. Solange die Frucht noch unreif ist, hängt sie fest am Ast. Erst wenn sie gereift ist, wird sie vom Sturm gepflückt und gibt den Samen frei, aus dem neues Leben entsteht.

26. JANUAR

In den heiligen Schriften der Hindus heißt es, dass diese Welt ein Ei ist. Wenn das zutrifft, dann muss sie in ihrem Innern ein lebendiges Wesen tragen, dessen Bestimmung es ist, durch die Schale in die Freiheit zu gelangen.

Die Welt ernährt uns und gewährt uns Schutz, sie schließt uns aber auch von allen Seiten ein. Die Begrenztheit unserer Sinneswahrnehmungen und unseres Denkvermögens bildet die Schale des Welteis, in das unser Bewusstsein eingesperrt ist. Wenn wir diese Schale auch nur einen Spalt weit öffnen könnten, wenn einige der unsichtbaren Strahlen in den Bereich unserer Wahrnehmung gerieten, wenn bisher ungehörte Melodien der Schöpfung einige zusätzliche Saiten unserer Sinne zum Klingen brächten, würde sich die Gestalt der Welt für uns vollkommen ändern.

27. JANUAR

Das Leben des Samens in seiner Schale ist gänzlich verschieden von seinem späteren Leben als Pflanze. Das Leben, das von allen Seiten in unserem Selbst eingeschlossen ist, in dem begrenzten Wahrnehmungsbereich unserer Sinne, ist grundlegend verschieden von dem Leben der befreiten Seele. Solange wir noch in der Schale des Selbst stecken, können wir uns keinerlei Vorstellung davon machen. In unserem Wunsch nach ewigem Leben beten wir daher für die ewige Fortführung des uns vertrauten Lebens. Dabei vergessen wir, dass Unsterblichkeit in der steten Umformung des Lebens und seiner Verlagerung auf eine höhere Ebene besteht. Wer glaubt, die wahre Bedeutung des Lebens liege in der Fortdauer genau der Form, die uns vertraut ist, gleicht dem Geizhals, der nicht versteht, dass Geld nur dann Bedeutung hat, wenn man es ausgibt, wenn man das Symbol für die Wahrheit eintauscht.

28. JANUAR

Der Prägestempel des Todes verleiht der Münze des Lebens ihren Wert und macht es möglich, mit dem Leben zu erkaufen, was wahrhaftig wertvoll ist.

29. JANUAR

Die größte Harmonie von Bewegung und Ruhe liegt im spirituellen Leben, dessen Essenz Liebe ist. Die Liebe Gottes, ja, die Liebe in all ihren Formen, bedeutet, ein Ziel zu erreichen und doch nie ans Ende zu gelangen. Wenn Macht ihr Ziel erreicht, macht sie Halt und bewacht eifersüchtig ihre Beute. Wenn Liebe ihr Ziel erreicht, gewinnt sie die Ewigkeit und scheut sich daher nicht, alles herzugeben, was sie besitzt.

30. JANUAR

Da wir von Natur aus soziale Wesen sind, müssen wir einen gewissen Teil unserer Energie auf soziale Aktivitäten verwenden. Sie bleiben jedoch oberflächlich, ihr seichtes Dahinplätschern gleicht nicht den tiefen Strömen der Menschenliebe. Menschen mit starken sozialen Instinkten sind nicht notwendigerweise große Menschenfreunde.

Verschwenderischen Menschen mangelt es oft an wahrer Großzügigkeit. In den meisten Fällen können sie nicht wirklich geben, sondern nur verschwenden. Genauso können soziale Menschen sich oft nur verschwenden, sich aber nicht wirklich hingeben. Dieses unbekümmerte Verschwenden erzeugt eine Leere, die wir dann mit Aktivitäten füllen, deren Zweck darin besteht, die Zeit totzuschlagen.

31. JANUAR

Wir können nicht wirklich füreinander leben, wenn wir niemals die Freiheit beanspruchen, alleine zu leben, wenn unsere gesellschaftlichen Verpflichtungen nur darin bestehen, uns gegenseitig dabei zu helfen, zu vergessen, dass wir Seelen besitzen. Wenn wir uns ganz und gar in Bemühungen erschöpfen, uns gegenseitig Gesellschaft zu leisten, betrügen wir die Welt um unser Bestes, das nur in einer Atmosphäre innerer Muße entstehen kann. Wenn die Gesellschaft auf den Einzelnen mit einer aufreizenden Flut von Zerstreuungen einstürmt, vergiftet sie die Luft, die sie zum Atmen braucht.

Lakshmi-shara

1. FEBRUAR

Gedanken, die wir denken müssen, von denen es kein Entrinnen gibt, sind nichts als Kummer und Sorgen. Die Gedanken der Armen und Elenden klammern sich an ihren Geist wie Efeu an die Tempelruine. Genauso wie ein Mensch physisch nicht ohne Freiräume leben kann, kann der Verstand ohne ausreichende Muße nicht frei denken.

2. FEBRUAR

Unsere Absichten zu betreiben fällt uns leicht, wenn es sich dabei auch um die Ziele der Gesellschaft handelt. Dem Geldmachen frönen die meisten nicht nur, weil Geld nützlich ist, sondern auch, weil es von anderen als erstrebenswert erachtet wird. Die Kopfjagd wird für die Wilden unwiderstehlich, wenn der ganze Stamm sie ausübt. Wenn wir uns die Begehrlichkeiten der Mehrheit zu Eigen machen, sind wir bereit, dafür die Wahrheit zu opfern.

Bei unserem Streben nach spirituellem Leben befallen uns vor allem deshalb Zweifel, weil es nicht auch das Streben unserer Umgebung ist. Also muss unser Verlangen nach Spiritualität so ungeheuer aufrichtig sein, damit es sich unter allen Umständen gegen den ständigen Druck der vielen durchsetzen kann.

3. FEBRUAR

Ein Teil des Wassers der Erde verdunstet und steigt zum Himmel auf. In den Höhen gereinigt, regnet es dann wieder hinab und erfrischt und erneuert die irdischen Wasser. Ebenso erhebt sich ein Teil des menschlichen Geistes in große Höhen, erfüllt seinen Zweck aber erst, wenn er zurückkehrt und sich wieder mit dem erdverbundenen Geist vermischt. Das ist die reinigende Erneuerungskraft der Religion, der Kreislauf der menschlichen Ideale zwischen Himmel und Erde.

4. FEBRUAR

Praktisch denkende Leute richten ihr Leben an den vermeintlichen Grenzen der Menschen aus. Daher haben die großen schöpferischen Leistungen der Geschichte, geschuldet dem Glauben an das Unbegrenzte im Menschen, ihren Ursprung nicht in der Alltagsvernunft der praktisch Denkenden. Wenn der Buddha gesagt hat: »Verbreitet den Gedanken der Liebe über alle Grenzen hinweg«, und wenn Christus gesagt hat: »Liebet eure Feinde«, dann haben ihre Worte den normalen Maßstab, den die gewöhnliche Welt an Ideale anlegt, überschritten. Aber sie erinnern uns daran, dass unser wahres Leben nicht das der gewöhnlichen Welt ist und dass wir in unserem Innern über einen Reichtum verfügen, der unerschöpflich ist.

5. FEBRUAR

Dem gerade flügge gewordenen Vogel erscheint ein Flug durch den weiten Himmel als Ding der Unmöglichkeit. Er schätzt seine Fähigkeiten anhand der Dimensionen seines Nestes ein. Aber irgendwann stellt er fest, dass seine Nahrung nicht im Nest wächst, sondern aus der unermesslichen blauen Weite zu ihm kommt. Eine leise Stimme verkündet ihm die Botschaft von sich emporschwingenden Flügeln und singt ihm das frohe Lied der Freiheit.

6. FEBRUAR

Je mehr wir uns vor Schmerz fürchten, desto mehr schaffen wir uns Verstecke aller Art, in denen wir uns vor unserer eigenen Wahrheit verbergen. Unser Reichtum und unsere Ehre sind Barrikaden, die uns daran hindern, mit unserem wahren Selbst in Berührung zu kommen. Doch unser Leid bahnt sich einen Weg durch diese Barrikaden, es beraubt uns unserer künstlichen Masken und zeigt uns das nackte Angesicht unserer Seele. Dieses Entblößen unseres wahrhaftigen Selbst ist nicht allein notwendig, um uns selbst zu erfahren und unseren inneren Reichtum zu entdecken, sondern es dient auch der Reinigung. Denn unter unseren Masken aus Wohlstand und Bequemlichkeit sammelt sich täglich Schmutz an, der darauf wartet, vom Schmerz gesäubert zu werden.

7. FEBRUAR

Für einen Dichter ist es weitaus besser, wenn ihm in diesem Leben seine Belohnung versagt bleibt, als eine falsche oder übertriebene Belohnung zu erhalten. Ein Mensch, dem ständig Ehrerweisungen von einer bewundernden Menge entgegengebracht werden, läuft große Gefahr, einer Form geistigen Parasitentums zu erliegen. Er entwickelt eine starke Gier nach dieser Verehrung und fühlt sich verletzt, wenn sie ihm verweigert oder wenn sie beschnitten wird.

8. FEBRUAR

Es gibt Leid, bei dem wir uns fragen, ob wir es verdient haben. Wir müssen uns damit abfinden, dass wir darauf keine Antwort erhalten. Es hilft uns also nicht im Mindesten, wenn wir uns beklagen. Wir sollten uns der Prüfung, die uns auferlegt wurde, würdig erweisen. Dass wir verletzt worden sind, ist bloß ein Umstand, der vergessen werden kann. Aber dass wir es tapfer ertragen haben, ist eine Wahrheit von großer Bedeutung. Ersteres gehört der vergänglichen äußeren Welt an, während Letzteres Teil der unvergänglichen spirituellen Welt ist.

9. FEBRUAR

Wenn wir stets alles bekämen, was wir möchten und brauchen, dann gliche das einer Reise durch eine Welt der absoluten Ebene, in der die Fließkräfte der Natur sich in einem Zustand der Trägheit befinden. In der Geographie unseres Lebens benötigen wir jedoch das Auf und Ab, wie unangenehm es auch sein mag, um unsere Gedanken und Energien am Fließen zu halten. Unser Lebensweg führt durch unbekanntes Gelände, wo uns unerwartet Berge und Täler und andere Hindernisse in die Quere kommen, für deren Überwindung wir unseren Verstand anstrengen müssen. Sie sind nicht Lohn oder Strafe für unsere Taten, vielmehr werden unsere Verdienste daran gemessen, wie wir sie bewältigen.

10. FEBRUAR

Wenn ein Schiff im Sturm leckgeschlagen und Wasser eingedrungen ist, wird der Kampf gegen die Wellen der aufgewühlten See selbst zur Gefahr. Die Bedrohung durch das eingedrungene Wasser ist nicht so offensichtlich, sein Tosen nicht so gewaltig, es vernichtet durch sein bloßes Gewicht. So ist die Versuchung groß, alle Schuld den von draußen anbrandenden Wogen zu geben. Wenn man nicht rechtzeitig zur Besinnung kommt und alle Kraft darauf konzentriert, das eingedrungene Wasser wieder hinauszupumpen, ist der Untergang unabwendbar. Wie vergeblich diese Bemühungen manchmal auch scheinen mögen, so sind sie doch ganz sicher mit mehr Hoffnung verbunden als der Versuch, die stürmische See bändigen zu wollen. Es wird immer äußere Widerstände und Hindernisse geben, aber sie werden erst zur Gefahr, wenn sie zugleich auch innere Widerstände und Hindernisse darstellen.

11. FEBRUAR

Wenn wir zu der Überzeugung kommen, dass wir unseren Gott gefunden haben, weil wir einer bestimmten Religion angehören, verleiht uns das ein Gefühl vollkommener Zufriedenheit. Gott wird nun nicht länger gebraucht, es sei denn, um mit anderen zu streiten, deren Vorstellung von Gott in theoretischen Details von der unseren abweicht. So ist es uns möglich, unseren Gott in ein Schattenland des Glaubens zu verbannen und in der realen Welt allen Platz für uns selbst zu beanspruchen. Dadurch berauben wir sie des Wunders des Unendlichen und banalisieren sie. Das ist nur möglich, wenn wir nicht den geringsten Zweifel hegen, dass wir an Gott glauben und ihn zugleich in unserem Leben vollständig ignorieren.

12. FEBRUAR

Der fromme Anhänger einer Religion ist stolz, weil er sich seines Anspruchs auf Gott sicher ist. Der hingebungsvoll Gläubige ist demütig, weil er sich der Liebe Gottes bewusst ist, die Anspruch auf sein Leben und seine Seele besitzt.

13. FEBRUAR

Religion ist ebenso wie die Poesie keine bloße Idee, sondern ein kreativer Ausdruck. Gott selbst drückt sich in den endlosen Variationen der Schöpfung aus, und unsere Haltung gegenüber dem Göttlichen muss ebenfalls unbegrenzte individuelle Variationen aufweisen. Die Religionsgemeinschaften, die mit strengen Regeln eifersüchtig Mauern um sich herum errichten und alle spontanen Bewegungen des lebendigen Geistes ausschließen, mögen vielleicht ihre Theologie konservieren, aber sie töten den lebendigen Glauben.

14. FEBRUAR

Der Versuch, die eine Religion zu schaffen, die für alle Zeiten und überall die Vorherrschaft erlangen soll, wird natürlicherweise zumeist von Leuten unternommen, die dem Sektierertum anhängen. Sie fühlen sich angegriffen, wenn man sagt, dass Gott seine Liebe großzügig verteilt und dass seine Kommunikation mit den Menschen keiner Sackgasse gleicht, die zu einem bestimmten Zeitpunkt und an einem bestimmten Ort abrupt endet. Sollte der Menschheit je die Katastrophe widerfahren, von der Sintflut einer alleinigen Religion heimgesucht zu werden, dann muss Gott für eine neue Arche Noah sorgen, um Seine Geschöpfe vor der spirituellen Vernichtung zu bewahren.

15. FEBRUAR

Im Tod wird das Viele eins, im Leben wird das Eine zur Vielfalt. Die Religionen werden eins sein, wenn Gott tot ist.

16. FEBRUAR

Wenn die von Menschen gemachte Welt nicht so sehr ein Ausdruck der schöpferischen Seele des Menschen ist, sondern eher eine mechanische Vorrichtung für Machtzwecke, dann verhärtet und verengt sie sich, dann erhält sie zu sehr einen Charakter, der auf Kosten der ungeheuren Vielfalt des Lebens zu bloßer Effizienz führt. Durch seine schöpferischen Aktivitäten knüpft der Mensch mit seiner Umwelt Verbindungen, durchdringt er die Natur mit seinem Leben und seiner Liebe. Aber mit seinem Streben nach Nützlichkeit bekämpft er die Natur, verbannt sie aus seiner Welt, entstellt und verschmutzt sie mit der Hässlichkeit seines gefühllosen Ehrgeizes.

17. FEBRUAR

Mit der Wahrhaftigkeit unseres Ausdrucks wachsen auch wir in der Wahrheit. Die Wahrheit der Kunst besteht in der uneigennützigen Freude am Schöpferischen. Wir fügen ihr eine tödliche Wunde zu, wenn wir sie durch eine Zweckmäßigkeit verraten, die ihr fremd ist. All die großen Zivilisationen, die untergegangen sind, sind auf Grund eines permanent falschen Ausdrucks des Menschlichen untergegangen: wegen der Versklavung von Mitmenschen, wegen eines Parasitentums gigantischen Ausmaßes, das durch Reichtum erzeugt wird, und wegen der spöttischen Haltung eines Skeptizismus, der uns auf dem Pfad der Wahrheit unserer Wegzehrung beraubt.

18. FEBRUAR

Unser Wesen ist zu komplex, als dass man Dinge, die Menschliches betreffen, verallgemeinern könnte. Es ist nur die halbe Wahrheit, wenn man sagt, dass Gewohnheiten auf unseren Geist nur eine abstumpfende Wirkung ausüben. Hilfreiche Gewohnheiten sind wie Kanäle, die dem Wasser seine Richtung geben. Glaubensbekenntnisse und Rituale sind Kanäle für den Strom unseres spirituellen Lebens, und je nach ihrer Beschaffenheit können sie hilfreich oder hinderlich sein. Wenn das Symbol einer spirituellen Idee zu starr wird, ersetzt es jedoch die Idee, die es eigentlich unterstützen sollte. In Kunst und Literatur beflügeln die Metaphern, die Symbole unserer emotionalen Wahrnehmung sind, unsere Phantasie und töten sie nicht ab. Sie beanspruchen nie das Monopol unserer Aufmerksamkeit, sondern lassen endlose Möglichkeiten der Interpretation offen.

19. FEBRUAR

Wenn wir es zulassen, dass sich unsere religiöse Andacht zu einer Gewohnheit verhärtet, macht sie sich
selbst zunichte und verkommt zu bloßer Frömmigkeit,
die eine berechnende Ökonomie der Liebe darstellt.
Der Wert der Andacht besteht nicht im Tun, sondern im
vollkommenen Ausfluss von Bewusstsein, in dem Gewohnheit zum Hindernis wird. Unsere Andacht wird
weltlich, wenn wir uns vorstellen, dass sie uns bestimmte Vorteile bringt und so fromme Gewohnheiten
erzeugt, die uns wertvoll erscheinen. Wenn es eine
Frage des Vorteils ist, dann besteht die größte Weisheit
darin, auf dem billigsten Markt zu kaufen. Wenn aber
das einzige Ziel völlige Hingabe ist, dann betrügt man
sich durch berechnendes Verhalten selbst.

20. FEBRUAR

Der Profit lächelt das Gute an, wenn das Gute profitabel ist.

21. FEBRUAR

Für das spirituelle Leben ist es von wesentlicher Bedeutung, das Selbst zu vergessen. Es gleicht dem einzelnen Wort, das seinen Sinn verliert, wenn es isoliert dasteht, jedoch umso mehr an Bedeutung gewinnt, wenn es mit einem Gedicht verschmilzt. Im spirituellen Leben vergessen wir unsere individuellen Absichten und werden vom Geist der Vollkommenheit ergriffen, der unser Selbst transzendiert.

22. FEBRUAR

Die Natur ist eine Herrin, die uns mit großzügigem Lohn lockt – so sehr, dass wir für ein Extrahonorar sogar Überstunden machen. Und doch ruft der Mensch inmitten dieser Bestechung und Verlockungen nach Erlösung. Denn er weiß, dass er nicht zum Sklaven geboren ist, und weigert sich, sich zu dem Glauben verleiten zu lassen, die uneingeschränkte Erfüllung unserer Begierden sei Freiheit. Sein Vertrauen gilt in Wirklichkeit seinem Wachstum und nicht seinen Erwerbungen. Das Bewusstsein einer großen inneren Wahrheit hebt den Menschen aus der Umgebung unbedeutender Augenblicke in die Sphäre des Ewigen. Es ist das Gefühl von etwas Positivem in ihm selbst, für das er seinen Reichtum, sein Ansehen und sogar das Leben aufgibt, das Buch mit dem Schulwissen wegwirft und in seiner Weisheit schlicht wie ein Kind wird.

23. FEBRUAR

Gott sucht Gefährten und verlangt nach Liebe, der Teufel ist auf der Suche nach Sklaven und verlangt Gehorsam.

24. FEBRUAR

Heute Morgen kam ein junger Freund zu mir, um mir zu sagen, dass er Geburtstag habe und neunzehn Jahre alt werde. Unser Altersunterschied ist beträchtlich, aber wenn ich ihn anschaue, ist es nicht die Unfertigkeit seines Lebens, die mich berührt, sondern die Vollkommenheit seiner Jugend. Dadurch unterscheiden sich die Dinge, die wachsen, von Dingen, die gemacht werden. Ein noch im Bau befindliches Haus ist ganz offensichtlich unfertig. Aber im lebendigen Wachstum besitzt jedes Stadium seine Vollkommenheit, die Blüte genauso wie die Frucht.

25. FEBRUAR

In den Upanischaden wird Gott als »der Friedfertige, der Gütige, der Eine« bezeichnet. Sein Frieden ist der wahrhaftige Frieden, der sich uns in der Natur offenbart. Die Erde und die Sterne sind in Bewegung, jede einzelne Zelle eines Baumes ist in Bewegung, jeder Halm auf dem offenen Feld ist in Bewegung, und auch alle Atome des Abendsterns sind stets in rastloser Bewegung. Aber im Herzen all dieser Bewegung – einer Bewegung, die schöpferisch ist – liegt Frieden. Eine Bewegung, der dieser innere Frieden fehlt, ist zerstörerisch.

26. FEBRUAR

Leben ist ein harmonisches Fließen, das Innen und Außen, Mittel und Zweck und Bestehendes mit Entstehendem vereint. Das Leben lagert nicht ein, es assimiliert, es baut nicht, es ist schöpferisch tätig, sein Werk ist nicht von ihm getrennt. Wenn die Beschaffenheit unserer Umgebung nicht lebendig ist, wenn sie aus erstarrten Gewohnheiten und angehäuften Besitztümern besteht, dann wird unser Leben von unserer Umwelt abgetrennt, und ihre Unvereinbarkeit führt zur Zerstörung von beiden. Die Entfremdung des lebendigen Seins von seiner Umwelt ist die Quelle vieler gesellschaftlicher Übel.

27. FEBRUAR

Die Abbildung einer Blume in einem Botanikbuch ist eine Information, ihre Mission endet mit unserem Wissen. Kunst dagegen ist eine Sache der persönlichen Kommunikation. Wenn sie in der Tiefe unserer Persönlichkeit keinen Widerhall findet, hat sie ihr Ziel verfehlt. Wir können mit dem Dasein umgehen wie mit einem Lehrbuch, das uns Lektionen erteilt, und wir werden nicht enttäuscht sein. Aber wir wissen, dass seine Mission dort noch nicht endet. Denn durch unsere Freude am Dasein, die ein Selbstzweck ist, spüren wir, dass es Kommunikation bedeutet, und die letzte Antwort liegt nicht in unserem Wissen, sondern in unserem Sein.

28. FEBRUAR

Ich glaube, dass es ein Ideal gibt, das über der Erde schwebt und sie durchdringt – das Ideal eines Paradieses, das kein bloßes Hirngespinst ist, sondern die letzte Wirklichkeit, die alles umfasst und zu der alles strebt. Ich glaube, dass die Vision dieses Paradieses im Sonnenlicht aufscheint, im Grün der Erde, in den reißenden Flüssen, in der Heiterkeit des Frühlings, in der Ruhe eines Wintermorgens, in der Schönheit eines Gesichts und im Reichtum der menschlichen Liebe. Überall auf der Erde ist der Geist dieses Paradieses lebendig und lässt seine Stimme erklingen. Sie erreicht unser inneres Ohr, ohne dass wir es wissen. Sie stimmt die Harfe unseres Lebens und drängt uns dazu, über die Endlichkeit hinauszustreben, so wie die Blumen ihren Duft und die Vögel ihr Lied in die Lüfte steigen lassen.

29. FEBRUAR

Bewusstsein ist das Licht, mit dessen Hilfe wir unseren Lebensweg beschreiten. Aber wir können es uns nicht leisten, dieses Licht bei jedem Schritt zu vergeuden. Wir müssen ökonomisch damit umgehen, und diese Ökonomie ist die Gewohnheit. Sie ermöglicht es uns, zu leben und zu denken, ohne unseren Geist stets mit vollem Bewusstsein erleuchtet zu halten. Bei nächtlichen Festen achten wir dagegen nicht auf die Kosten, die unser verschwenderischer Umgang mit Licht verursacht, denn es dient nicht dazu, einen Mangel zu beseitigen, sondern dazu, unserem Gefühl des überfließenden inneren Reichtums Ausdruck zu verleihen. Aus demselben Grund gelten starre Gewohnheiten als Zeichen eines armen spirituellen Lebens, denn es ist kein Leben der Notwendigkeiten, sondern eines des Ausdrucks. In unserer Liebe muss unser Bewusstsein immer mit aller Helligkeit leuchten, damit sie wahrhaftig ist. Denn Liebe dient nicht irgendeinem Zweck, sondern ist selbst das Licht des Bewusstseins.

Schlangengöttin

1. MÄRZ

In unserer hoch komplexen modernen Gesellschaft sind die mechanischen Kräfte derart effizient organisiert, dass ihre Produkte der Fähigkeit des Menschen, sie im schlichten Einklang mit seinen Bedürfnissen und seiner Natur zu gebrauchen, längst entwachsen sind. Solch ein wucherndes Wachstum erdrückt den Menschen. Ein Nest ist einfach, es besitzt eine natürliche Beziehung zu seiner Umgebung. Ein Käfig ist komplex, er schließt alles aus, was sich außerhalb von ihm befindet. Heute ist der Mensch mit großem Eifer dabei, sich seinen eigenen Käfig zu bauen. Er passt sich seinen toten rechten Winkeln und Begrenzungen an und ist bloß noch ein Teil von ihm.

2. MÄRZ

Alle Zivilisationen sind Schöpfungen. Sie liefern uns nicht nur Informationen über sich selbst, sondern geben auch ihren schöpferischen Idealen Ausdruck. Daher beurteilen wir eine Zivilisation nicht danach, wie viel sie produziert, sondern nach den Ideen, denen sie in ihren Tätigkeiten Ausdruck verleiht. Wenn in den Dingen, die sie hervorgebracht hat, die materiellen über die geistigen dominieren, dann ist sie zum Untergang verdammt. Wenn eine Zivilisation nur umfassend Auskunft über ihre Erzeugnisse gibt, ihre mechanischen Teile, ihre äußerlichen Erfolge, dann können wir daraus schließen, dass ihr die Lebendigkeit fehlt, dass sie von Konflikten zerrüttet wird und nicht in der Lage ist, die menschliche Gesellschaft im Geiste der Wahrheit zusammenzuhalten.

3. MÄRZ

Ein Lehrer kann nicht wirklich gut unterrichten, wenn er selbst aufgehört hat zu lernen. Eine Lampe kann keine andere Lampe entzünden, wenn ihr Docht nicht ständig brennt. Ein Lehrer, der in seinem Fachgebiet an ein Ende gelangt ist und keinen lebendigen Austausch mit seinem Wissen pflegt, sondern seine Lektionen vor den Schülern nur noch mechanisch wiederholt, kann nur ihren Geist beladen, nicht aber ihre Begeisterung wecken. Wissen darf nicht nur informieren, es muss auch inspirieren. Der größere Teil von dem, was wir in der Schule lernen, ist verschwendet, weil die meisten unserer Lehrer ihre Fächer wie tote Exemplare einst lebendiger Dinge behandeln, die sie zwar gut kennen, mit denen sie aber keinen lebendigen und liebenden Umgang pflegen.

4. MÄRZ

Die Frage, warum das Böse existiert, ist dieselbe wie die, warum es Unvollkommenheit gibt oder, mit anderen Worten, warum es überhaupt Schöpfung gibt. Wir müssen es als gegeben hinnehmen, dass es nicht anders sein kann, dass Schöpfung unvollkommen sein muss. Die Frage, die sich eigentlich stellt, lautet: »Ist diese Unvollkommenheit die letzte Wahrheit, ist das Böse absolut?«

Ein Fluss wird durch seine Ufer begrenzt, aber besteht ein Fluss allein aus Ufern? Geben diese Hindernisse der Strömung nicht auch ihre Richtung? Das Schleppseil hält ein Boot fest, aber ist das sein eigentlicher Zweck? Zieht es das Boot nicht zugleich auch voran?

5. MÄRZ

Das Erstaunliche ist nicht, dass es auf dieser Welt Hindernisse und Leid gibt, sondern dass es Ordnung gibt, Schönheit und Freude, Güte und Liebe. Der Mensch spürt in den Tiefen seines Lebens, dass das, was unvollkommen erscheint, eine Manifestation des Vollkommenen ist, so wie jemand, der musikalisch ist, die Vollkommenheit eines Liedes erkennt, selbst wenn er nur eine kurze Tonfolge vernimmt. Der Mensch hat das große Paradoxon entdeckt, dass das Begrenzte nicht in seinen Begrenzungen gefangen ist. Es befindet sich ständig in Bewegung und wirft so in jedem Augenblick seine Endlichkeit ab. Tatsächlich ist Unvollkommenheit nicht die Negierung von Vollkommenheit, und Endlichkeit steht nicht im Widerspruch zu Unendlichkeit – sie ergänzen einander zu einer Vollständigkeit, die sich in Teilen manifestiert, und zu einer Unendlichkeit, die sich in Begrenzungen offenbart.

6. MÄRZ

Ein Block aus hartem Stein leistet den schöpferischen Ideen eines Künstlers Widerstand. Für einen Bildhauer ist aber gerade diese Festigkeit von Nutzen, sie ermöglicht es ihm, eine Skulptur aus dem Stein zu meißeln. Unsere physische Existenz leistet unserer seelischen Befreiung Widerstand. Daher bietet sie der Seele das beste Material, um sich in ihr zu manifestieren. Sie verkündet ihre Freiheit, indem sie ihre Fesseln zu Schmuck umarbeitet. Unsere äußerlichen Beschränkungen und Widerstände dienen allein der Entwicklung der Seele, und indem sie sie überwindet, findet sie ihre Wahrheit.

7. MÄRZ

Wenn wir unsere Aufmerksamkeit gezielt auf den Tod richten, erscheint uns die Welt wie eine große Leichenhalle. Aber in dieser Welt voller Leben besitzt der Gedanke an den Tod nur geringe Macht. Nicht, weil er nicht sichtbar wäre, sondern weil er den negativen Aspekt des Lebens darstellt. Auch wenn wir unsere Augenlider jede Sekunde schließen, sind es doch die geöffneten Augen, die zählen. Das Leben als Ganzes nimmt den Tod nicht ernst. Es tanzt und spielt und liebt im Angesicht des Todes. Nur wenn wir einen einzelnen Tod isoliert betrachten, sehen wir seine Leere und sind bestürzt. Wir verlieren die Sicht auf die Gesamtheit des Lebens. Es ist, als betrachte man ein Stück Stoff unter dem Mikroskop. Es sieht wie ein Netz aus, wir starren auf die großen Löcher und erschaudern. Aber in Wahrheit ist der Tod nicht die letzte Wahrheit. Er scheint so schwarz wie der Himmel blau, doch hinterlässt er im Leben ebenso wenig Spuren wie das Blau des Himmels auf den Flügeln der Vögel.

8. MÄRZ

Wenn der Tod kommt und mir zuflüstert: »Deine Tage sind zu Ende«, dann will ich zu ihm sagen können: »Ich habe in der Liebe gelebt, und nicht nur in der Zeit.«

Wenn er fragt: »Werden deine Lieder Bestand haben?«, werde ich antworten: »Das vermag ich nicht zu sagen, aber ich weiß, dass ich oft meine Ewigkeit fand, wenn ich gesungen habe.«

9. MÄRZ

Schmerz, der das Empfinden unserer Endlichkeit ist, stellt in unserem Leben keine feste Größe dar. Er ist kein Selbstzweck wie die Freude. Wenn wir ihm begegnen, wissen wir, dass er in der Schöpfung keinen Bestand hat. Er entspricht dem Irrtum in der Welt des Verstandes. Wenn man durch die Entwicklungsgeschichte der Wissenschaft schreitet, gleicht das einem Gang durch ein Labyrinth von Irrtümern, die sie im Laufe der Zeiten begangen hat. Und doch glaubt niemand ernstlich, dass Wissenschaft vor allem dazu dient, Irrtümer hervorzubringen. Die fortschreitende Erkenntnis von Wahrheit ist das, was die Geschichte der Wissenschaft ausmacht, nicht ihre unzähligen Fehler. Ein Irrtum ist seinem Wesen nach nicht von Dauer, er kann neben der Wahrheit nicht bestehen. Wie ein Vagabund muss er die Herberge verlassen, wenn er die Zeche nicht bis auf den letzten Cent begleicht.

10. MÄRZ

Erkenntnis ist nichts anderes als das ständige Verbrennen von Irrtümern, um das Licht der Wahrheit zum Leuchten zu bringen. Unser Charakter muss Vollkommenheit erlangen, indem er immer wieder das Böse überwindet, sowohl in als auch außerhalb von uns. Unser physisches Leben verzehrt jeden Augenblick Nahrung, damit das Feuer des Lebens nicht verlöscht, und ebenso braucht unser moralisches Leben Brennstoff. Wir besitzen den festen Glauben, der sich durch keine ihm widersprechenden Einzelfälle erschüttern lässt, dass die Menschheit sich vom Bösen zum Guten entwickelt. Wir wissen intuitiv, dass das Gute das bestimmende Element der menschlichen Natur ist. Zu allen Zeiten und in allen Teilen der Welt haben die Menschen das Ideal des Guten stets am höchsten geschätzt. Wir kennen das Gute, wir lieben es, und wir haben vor den Menschen die größte Achtung, die in ihrem Leben gezeigt haben, was das Gute ist.

11. MÄRZ

Der einfachste Weg ist für den Menschen zum Glück nicht der wahrhaftigste Weg. Wäre seine Natur nicht von dieser Komplexität, gliche sie der einer hungrigen Wolfs-meute. Dann hätten marodierende Banden inzwischen die ganze Erde überrannt. Doch der Mensch, der mit Schwierigkeiten konfrontiert wird, muss anerkennen, dass er ein Mensch ist, dass er der moralischen Seite sei-ner Natur gegenüber Verantwortung trägt. Wenn er das ignoriert, erzielt er vielleicht kurzfristige Erfolge, diese aber werden sich als tödliche Fallen erweisen. Denn was für die niederen Instinkte Hindernisse sind, stellt sich dem höher entwickelten menschlichen Leben als Mög-lichkeit und Chance dar.

12. MÄRZ

Schmerz stellt für uns unvollkommene Geschöpfe den wahren Reichtum dar. Er verleiht uns die Würde, unseren Platz im Kreis der Vollkommenen einzunehmen. Wer das erkannt hat, weiß, dass wir keine Bettler sind, sondern mit harter Münze für alles Wertvolle im Leben bezahlt haben: für unsere Weisheit und unsere Liebe. Schmerz symbolisiert die Möglichkeit unendlicher Vervollkommnung, und der Mensch, der alle Freude daran verloren hat, Schmerz zu ertragen, versinkt in Elend und Würdelosigkeit. Nur wenn wir versuchen, den Schmerz zur Befriedigung unseres Egos zu benutzen, wird er zum Übel und rächt sich für diesen Frevel, indem er uns ins Unglück stürzt.

13. MÄRZ

Gewiss vernehme ich auch den lauten Schmerzensschrei, der durchs Universum hallt – ein Schrei, der das Firmament erfüllt und den man im Indien der vedischen Zeit *krandasi* genannt hat. Dieser Schrei ist jedoch nicht die matte Klage der Besiegten, sondern der Ruf des Neugeborenen, der lauthals verkündet, dass er vor den Toren des Universums steht und um die Gastfreundschaft der ewigen Zukunft ersucht. Das Verkünden einer neuen Geburt ist immer ein Schmerzensschrei, denn sie bedeutet auch das Durchtrennen alter Bindungen, das Abwerfen alter Hüllen. Das Recht auf eine Existenz kann nicht billig erkauft werden, man muss es erstreiten und erkämpfen.

14. MÄRZ

Das Küken im Ei verfügt über rudimentäre Flügel, rudimentäre Beine und über ein rudimentäres Sehvermögen. Solange das Küken noch im Ei steckt, sind diese Dinge nutzlos. Aber einige Küken haben vielleicht eine Ahnung, dass es jenseits der Schale eine Welt gibt, in der sie all ihre Fähigkeiten nutzen können. Andere Küken wiederum, die Logiker und Rationalisten sind, behaupten, dass es jenseits der Schale kein Leben gibt. Auch unter den Menschen gibt es welche, die an ein Leben jenseits der »Schale« dieser Welt glauben, die davon überzeugt sind, dass wir Fähigkeiten besitzen, die sich nicht allein mit dem Verstand erklären lassen, und es gibt solche, die das bestreiten.

15. MÄRZ

Wenn ein Mensch zu einer erweiterten Wahrnehmung seines wahren Selbst gelangt, wenn er erkennt, dass er weit mehr ist, als er augenblicklich zu sein scheint, dann beginnt er, sich seiner moralischen Natur bewusst zu werden. Dann erkennt er, was er erst noch werden muss, und der Zustand, den er noch nicht erfahren hat, wird für ihn wirklicher als der, in dem er sich gerade befindet. Notwendigerweise verändert sich seine Sicht aufs Leben, und sein Wille nimmt den Platz seiner Wünsche ein. Denn der Wille ist der höhere Wunsch des erweiterten Lebens, des Lebens, dessen höhere Dimensionen außerhalb unserer gegenwärtigen Reichweite liegen und dessen Ziele uns größtenteils noch verborgen sind.

16. MÄRZ

In unseren heiligen Schriften heißt es: *atithi devo bhava*. Damit werden wir aufgefordert, zu erkennen, dass »das Göttliche als Gast zu uns ins Haus« kommt und unsere Ehrerbietung verdient. Alles menschlich Große und Wahrhaftige wartet vor unserer Tür darauf, von uns eingelassen zu werden. Es steht uns nicht an, zu fragen, woher es kommt, wir sollten es hereinbitten und mit dem Besten bewirten, das wir besitzen.

17. MÄRZ

Der Schatten meines Baumes ist für die, die vorbeiwandern, die Früchte sind für den Einen, auf den ich warte.

18. MÄRZ

Gier wird grenzenlos, wenn sie auf materiellen Gewinn ausgerichtet ist. Dann gleicht sie der wilden Jagd eines Schwachsinnigen, der den Horizont erreichen will. Immer weitere Millionen anzuhäufen wird zu einem sinnentleerten Hindernislauf, bei dem es zwar Hürden, aber kein Ziel gibt. Das findet seine Parallele im Kampf mit materiellen Waffen, deren Anzahl ständig vervielfacht werden muss und die immer neue Perspektiven der Zerstörung eröffnen und neue Formen des Wahnsinns und des Schreckens hervorbringen.

19. MÄRZ

Diejenigen, die alles besitzen außer Dir, mein Gott, lachen die aus, die nichts außer Dir besitzen.

20. MÄRZ

Der Frühling ist angebrochen, und die ganze Welt ist in Licht getaucht. Ich sehne mich danach, mit den Vögeln, den Bäumen und der grünen Erde eins zu werden. Aus der Luft vernehme ich den Ruf zu singen, doch ich armselige Kreatur halte Vorträge. So verbanne ich mich selbst aus der wunderbaren Welt der Lieder, in die ich hineingeboren wurde.

21. MÄRZ

Die Vertreibung aus dem Paradies wird von uns Kindern Adams und Evas immer wieder aufs Neue vollzogen. Wir verhüllen unsere Seele mit »Botschaften« und »Lehrmeinungen« und verlieren die Fühlung zum prallen Leben am Busen der Natur. Wenn der Frühling in der Luft liegt, erinnere ich mich schlagartig daran, dass ich der Bande der ewigen Nichtsnutze angehöre. Dann beeile ich mich, in ihren Vagabundenchor einzustimmen.

22. MÄRZ

Heutzutage gibt es sehr viele, die ohne Glauben und Zuversicht sind. Sie wissen nicht, dass es der Glaube an die Zukunft selbst ist, der diese Zukunft erschafft. Ohne Zuversicht erkennt man nicht die Möglichkeiten, die sich einem immer wieder bieten, und sie ziehen unbeachtet an einem vorüber. Skeptische Menschen ohne Glauben und Zuversicht säen viele Zweifel, doch es ist das ewige Kind, der Träumer, der Mensch einfachen Glaubens, der große Zivilisationen hervorbringt.

23. MÄRZ

Glaube ist der Vogel, der das Licht spürt und singt, auch wenn der Morgen noch dunkel ist.

24. MÄRZ

Konflikt und Harmonie haben in der Ordnung der Dinge beide ihren Platz. Um ein Musikinstrument anzufertigen, muss der Instrumentenbauer die Widerspenstigkeit des Materials in die von ihm gewünschte Form zwingen. Doch die Musik, die das Instrument hervorbringt, ist eine Offenbarung der Schönheit. Sie geht aus keinem Konflikt hervor, sondern entspringt der inneren Verwirklichung der Harmonie. In der gegenseitigen Ergänzung von Konflikt und Harmonie findet die menschliche Natur ihr Gleichgewicht.

25. MÄRZ

In einer Ethik des Friedens bedeutet Mut den Mut zur Selbstaufopferung. In Gesellschaften, die ein solches Verhalten kultivieren, ist nicht das Individuum die grundlegende Einheit, sondern die Beziehung zwischen den Individuen: zwischen Vater und Sohn, Bruder und Schwester, Mann und Frau und zwischen Nachbarn unterschiedlicher Hautfarbe und Mentalität. Und diese Beziehungen sind weit und offen angelegt. Um sie in Wahrhaftigkeit aufrechterhalten zu können, wird die Kraft benötigt, die durch Selbstaufopferung freigesetzt wird, und darin besteht ihre eigentliche Größe.

26. MÄRZ

Das Leben wurde uns geschenkt, und wir verdienen es uns, indem wir es hingeben.

27. MÄRZ

Kinder sind lebendige Wesen, lebendiger als die Erwachsenen, die sich in ihren Gewohnheiten eingemauert haben. Daher ist es für das geistige Wohlergehen der Kinder unbedingt notwendig, dass sie nicht nur in der Schule lernen, sondern in einer Welt, deren Leitgedanke die Liebe ist. Sie sollten in einer Umgebung aufwachsen, in der Sonnenauf- und -untergänge und die stille Pracht der Sterne nicht täglich ignoriert werden, in der der Festschmuck der Blumen und Früchte von den Menschen mit Freude wahrgenommen wird und in der die Jungen und Alten, die Lehrer und die Schüler ihr tägliches Brot und auch ihre spirituelle Nahrung gemeinsam zu sich nehmen.

28. MÄRZ

Die Freude von Kindern ist reine Freude. Kinder besitzen die Macht, jedes noch so unbedeutende Ding zu nutzen, um sich damit eine interessante Welt zu erschaffen. In ihrer Vorstellungskraft wird die hässlichste Puppe zur Schönheit und erwacht zum Leben. Wer sich diese Fähigkeit zur Freude als Erwachsener bewahren kann, ist ein wahrer Idealist. Er sieht und hört die Dinge nicht bloß mit Auge und Ohr, sondern nimmt sie auch mit dem Herzen wahr, und ihre Unvollkommenheiten verlieren sich in der frohen Melodie, die er selbst hervorbringt.

29. MÄRZ

Jedes Kind trägt die Botschaft in sich, dass Gott sich von der Menschheit noch nicht hat entmutigen lassen.

30. MÄRZ

Ich bin der Überzeugung, dass man Kinder mit den Dingen der Natur umgeben sollte, die ihren eigenen erzieherischen Wert haben. Man muss ihrem Geist ermöglichen, sich voranzutasten und über alles, was Tag für Tag geschieht, zu staunen. Ihre Aufmerksamkeit wird stets von neuen Ereignissen gefesselt. Das ist die beste Lehrmethode für Kinder. Aber in der Schule sieht es so aus, dass jeden Tag zur gleichen Stunde das gleiche Buch hervorgeholt und der Schüler damit traktiert wird. Seine Aufmerksamkeit trifft nie auf die zufälligen Überraschungen, die sich aus dem Lernen von der Natur ergeben.

31. MÄRZ

Der Mensch glaubt eigentlich nicht an das Böse, ebenso wenig, wie er glaubt, die Saiten einer Violine seien eigens dafür geschaffen, Misstöne hervorzubringen, obwohl man statistisch gesehen nachweisen kann, dass die Wahrscheinlichkeit eines Missklangs weitaus größer ist als die der Harmonie und auf einen, der Violine spielen kann, Tausende kommen, die dazu nicht in der Lage sind. Die Möglichkeit der Vollkommenheit wiegt sämtliche realen Widersprüche auf. Es hat in der Tat Leute gegeben, die behaupten, das Dasein sei absolut böse, aber die Menschen konnten sie nie ernst nehmen. Ihr Pessimismus ist eine bloße intellektuelle Pose, das Leben selbst ist optimistisch, es will weitergehen. Wäre das Dasein wirklich böse, bräuchte es keine Philosophien, um das zu beweisen.

Planet Merkur

1. APRIL

Die Verwirklichung unserer Seele besitzt eine moralische und eine spirituelle Seite. Die moralische Seite besteht in der Übung von Selbstlosigkeit und der Zügelung der Begierden. Die spirituelle Seite besteht aus Mitleid und Liebe. Diese beiden Seiten dürfen niemals getrennt werden. Wenn man lediglich die moralische Seite kultiviert, führt das in die dunklen Regionen eines engen und harten Herzens, zur intoleranten Arroganz des Gutseins. Die einseitige Kultivierung der spirituellen Seite führt in die noch dunkleren Regionen ausschweifender Schwärmerei.

2. APRIL

Religion sollte sich mit den Dingen befassen, die der spirituellen Sphäre des Ewigen angehören, die ihren letzten Wert in sich selbst tragen. Sie muss zulassen, dass ein Großteil der menschlichen Existenz außerhalb ihres direkten Einflusses bleibt, damit das Leben sein freies Wachstum genießen kann, geleitet durch die Gesetze der Vernunft und den Rhythmus der Schönheit. In dem ständigen Anpassungsprozess an unvorhergesehene Umstände ändert der Weg der Vernunft immer wieder seine Richtung. Durch den Kontakt mit neuen Informationen erweitert die Vernunft stets ihren Horizont. Wenn nun die Religion, die uns in der Sphäre des Unendlichen Befreiung schenkt, versucht, in der Welt der Endlichkeit den Platz der Vernunft einzunehmen, dann führt das zu Stagnation und Verwirrung.

3. APRIL

Es gibt Bedingungen, unter denen Kindern das Auf-
nehmen von Religion so leicht fällt wie das Atmen. Aber
wenn die Atmung nicht mehr von allein geschieht, sondern zur willentlichen Anstrengung gerät, ist das ein
schlechtes Zeichen. Mit der Religion ist es dasselbe.
Wenn die Gesellschaft von einem Gefühl der Spiritualität durchdrungen ist, entsteht religiöses Leben wie von
allein, es findet ganz natürlich seinen kreativen und
moralischen Ausdruck. So taucht das Problem einer besonderen religiösen Erziehung für Kinder erst gar nicht
auf, denn sie nehmen den Geist einer spirituell gesättig-
ten Atmosphäre unbewusst in sich auf.

4. APRIL

Religion hat ihren Ursprung im Wunsch des Menschen, von den Beschränkungen des Daseins befreit zu werden. Noch die primitivsten magischen Rituale, so seltsam und sinnlos sie auch erscheinen mögen, haben auf eine bestimmte Art und Weise diese Freiheit zum Ziel. Der Mensch ist das einzige Geschöpf, das als Rebell geboren wird, das sich niemals mit den Bedingungen seiner Existenz aussöhnt. In der Tiefe seines Wesens hegt er instinktiv die Überzeugung, dass ein Widerspruch besteht zwischen dem, was ist, und dem, was sein sollte. Seine ganze Kunst und Literatur bezieht ihre Inspiration aus den allgegenwärtigen Eingebungen, die von jenseits der Grenzen seiner sinnlichen Wahrnehmung kommen und ihm doch näher scheinen als das Offensichtliche.

5. APRIL

Vom Beginn ihrer Geschichte an haben die Völker des Westens die Natur als ihren Gegenspieler betrachtet. Das hat in ihrem Bewusstsein den dualistischen Aspekt der Wahrheit verfestigt, den ewigen Konflikt zwischen Gut und Böse. So gelangte der Kampfgeist ins Herz ihrer Zivilisation. Sie streben nach Sieg und kultivieren die Macht.

6. APRIL

Der Westen scheint bei dem Gedanken, sich die Natur zu unterwerfen, Stolz zu empfinden. Als würden wir in einer feindlichen Welt leben, in der wir alles, was wir brauchen, einer unwilligen und fremden Ordnung der Dinge mit Gewalt abringen müssten. Diese Vorstellung wird von einem Geist hervorgebracht, der sich in den Mauern der Städte entwickelt hat, was zu einer künstlichen Trennung zwischen ihm und der allumfassenden Natur geführt hat, in deren Schoß er lebt.

7. APRIL

Die natürliche Umwelt, die die arischen Einwanderer in Indien vorfanden, war vom Wald geprägt. Der Wald gewährt Schutz und bietet Nahrung. In dieser Umgebung verwirklichten die Waldbewohner des alten Indien den Geist der Harmonie mit dem Universum und betonten den Einheitsaspekt der Wahrheit. Sie strebten nach der Verwirklichung der Seele durch die Vereinigung mit allem.

8. APRIL

Wir können einen Weg aus zwei verschiedenen Perspektiven betrachten. Verwendet man die eine, so trennt er uns vom Gegenstand unseres Begehrens. In diesem Fall erscheint uns jeder Schritt der Reise so, als müssten wir ihn einem Widerstand abringen. Aus der anderen Perspektive gesehen führt uns der Weg zu unserer Bestimmung und ist daher Teil unseres Ziels. Er ist bereits der Beginn unseres Erreichens.

9. APRIL

Im Westen herrscht das Gefühl vor, dass die Natur auf unbelebte Dinge, Pflanzen und Tiere beschränkt ist und dass es dort, wo die menschliche Natur beginnt, einen plötzlichen und unerklärlichen Bruch gibt. Demnach ist alles, was auf der unteren Stufe des Seins steht, bloße Natur, und alles, was den Stempel geistiger Vollkommenheit trägt, ist menschlicher Natur. Das ist, als ob man Knospe und Blüte in zwei getrennte Kategorien einteilen und ihre Anmut auf zwei unterschiedliche, einander widersprechende Prinzipien zurückführen würde. Der indische Geist dagegen hat nie gezögert, seine Verwandtschaft mit der Natur anzuerkennen.

10. APRIL

Der Mensch ist seinem Wesen nach weder ein Sklave seiner selbst noch ein Sklave der Welt, sondern er ist ein Liebender. Seine Freiheit und seine Erfüllung liegen in der Liebe, die eine andere Bezeichnung für vollkommenes Verstehen ist. Durch diese Macht des Verstehens ist er mit dem alles durchdringenden Geist vereint, der auch der Atem seiner Seele ist. Wenn ein Mensch versucht, sich selbst zu erhöhen, indem er andere beiseite stößt, dann entfremdet er sich diesem Geist. Darum bezeichnen die Upanischaden jene, die das Ziel des menschlichen Lebens erreicht haben, als »friedvoll« und »eins mit Gott«, was bedeutet, dass sie sich in vollkommenem Einklang mit Mensch und Natur befinden und daher auch in ungestörter Vereinigung mit Gott.

11. APRIL

Wir kommen wahrer Größe am nächsten, wenn wir in der Demut groß sind.

12. APRIL

Buddha, der die praktische Seite der Lehren der Upanischaden entwickelt hat, verbreitete die Botschaft: »Du sollst mit allem, sei es über oder unter dir, fern oder nah, sichtbar oder unsichtbar, eine Beziehung grenzenloser Liebe pflegen, ohne Feindseligkeit oder den Wunsch zu töten. In diesem Bewusstsein zu leben, ob du gehst oder stehst, sitzt oder dich niederlegst, bis du einschläfst, bedeutet, im Geiste Brahmas zu leben, tätig zu sein und Freude zu empfinden.«

13. APRIL

In einem Dorf in Bengalen traf ich einmal einen Asketen einer bestimmten religiösen Sekte und fragte ihn: »Warum verkündest du deine Lehre nicht allen Menschen auf der Welt?« Seine Antwort lautete: »Wer durstig ist, wird von allein zum Fluss kommen.« – »Ist es denn auch so, kommen sie tatsächlich?« Er lächelte sanft und sagte mit einer Gewissheit, die nicht die geringste Spur von Ungeduld oder Sorge verriet: »Sie werden kommen müssen, allesamt.«

Dieser schlichte Asket aus dem ländlichen Bengalen hat Recht. Der Mensch ist tatsächlich unterwegs, um Bedürfnisse zu befriedigen, die ihm wichtiger sind als Kleidung und Nahrung. Er ist auf der Suche nach sich selbst.

14. APRIL

Die Macht sagte zur Welt: »Du bist mein.«
Die Welt hielt sie auf ihrem Thron gefangen.
Die Liebe sagte zur Welt: »Ich bin dein.«
Die Welt gewährte ihr Freiheit an ihrem Hof.

15. APRIL

Gott hat dem Selbst des Menschen seine Freiheit gelassen. In seinem physischen und geistigen Organismus, wo der Mensch mit der Natur verbunden ist, muss er die Herrschaft Gottes anerkennen, aber in seinem Selbst steht es ihm frei, sie zu leugnen. Dorthin kommt Gott als Gast, nicht als König, und muss daher warten, bis er hineingebeten wird. Gott hat seine Herrschaft über das Selbst des Menschen aufgehoben, denn dort wirbt er um unsere Liebe. Er lässt seine bewaffneten Heerscharen – die Gesetze der Natur – vor den Toren stehen, und nur die Schönheit, die Botin seiner Liebe, findet Einlass.

16. APRIL

Es ist mir möglich, Gott zu lieben, weil er mir die Freiheit lässt, ihn zu verleugnen.

17. APRIL

Der Geist von uns Erwachsenen ist ständig mit Dingen beschäftigt, die wir erledigen und besorgen müssen, daher hinterlassen die Dinge, die um uns herum geschehen – wie der vom Gesang der Vögel begleitete Tagesanbruch –, bei uns keinen Eindruck. Wir erlauben es ihnen nicht, denn unser Geist ist bereits übervoll. Der Fluss der Lektionen, der unablässig dem Herzen der Natur entströmt, berührt uns nicht. Wir picken uns nur die heraus, die nützlich sind, und weisen die übrigen als unerwünscht zurück, weil wir stets auf der Suche nach einer Abkürzung zum Erfolg sind. Kinder kennen solche Ablenkungen nicht. Für sie sind jedes Ding und jedes Ereignis neu und treffen bei ihnen auf einen offenen Geist. Durch diese überschwängliche und wahllose Aufnahme lernen sie in kürzester Zeit unzählige Dinge, was im Vergleich zu unserer Langsamkeit erstaunlich ist. Und was auf diese Art gelernt wird, sind die wichtigsten Lektionen des Lebens.

18. APRIL

Die wichtigste Lektion, die ein Mensch vom Leben lernen kann, besteht nicht darin, dass es in dieser Welt Schmerz gibt, sondern darin, dass es an ihm ist, eben diesen Schmerz zum Guten zu wenden, dass es möglich ist, ihn in Freude zu verwandeln. Wir haben diese Lektion nicht völlig vergessen, und es gibt keinen Menschen, der sich freiwillig seines Rechts auf Schmerz berauben ließe, denn es gehört untrennbar zum Menschsein. Einmal beklagte sich die Frau eines armen Landarbeiters bitterlich bei mir darüber, dass ihr ältester Sohn für einige Zeit zu reichen Verwandten geschickt werden sollte. Es war gerade der gut gemeinte Versuch, ihre Sorgen zu lindern, der ihr den Schlag versetzt hatte, denn die Sorge einer Mutter ist ihr unveräußerliches Recht der Liebe. Sie war nicht bereit, es aufgrund des Zwangs nützlicher Erwägungen aufzugeben. Die Freiheit des Menschen besteht nicht darin, vor Schwierigkeiten bewahrt zu werden, sondern darin, sie zu einem Bestandteil seiner Freude zu machen.

19. APRIL

Der Mensch bringt seine Gedanken nie wortwörtlich zum Ausdruck, außer in den alltäglichsten Dingen. Je substantieller seine Gedanken sind, desto mehr müssen seine Worte durch seine Lebensumstände erklärt werden. Wer versucht, ihren Sinn mit Hilfe von Wörterbüchern zu erfassen, gelangt, bildlich gesprochen, nur bis zum Haus, findet aber keinen Eingang. Das ist der Grund dafür, dass die Lehren unserer großen Propheten Anlass zu endlosen Disputen geben, wenn wir versuchen, sie dem Wortlaut nach zu verstehen, statt sie in unserem Leben zu verwirklichen. Die Menschen, die mit der Gabe des Buchstabengeistes geschlagen sind, gleichen Unglücklichen, die sich ständig mit ihren Netzen beschäftigen und darüber das Fischen vergessen.

20. APRIL

Die Lampe bewahrt ihr Öl, hält es fest im Griff und hütet es vor dem geringsten Verlust. So bleibt sie wegen ihres Geizes von allen anderen Gegenständen um sie herum getrennt. Aber wenn sie entzündet wird, findet sie augenblicklich ihre Bestimmung. Ihre Beziehung zu allen Dingen nah und fern ist hergestellt, und sie opfert bereitwillig ihren Vorrat an Öl, um die Flamme zu nähren.

So eine Lampe ist unser Selbst. Solange es seine Besitztümer hortet, verharrt es in Dunkelheit und handelt seinem wahren Zweck, seinem *dharma*, zuwider. Wenn es Erleuchtung findet, vergisst es sich augenblicklich, hält das Licht empor und nährt es mit allem, was es hat.

21. APRIL

Sogar die Selbstsucht nötigt einen mitunter dazu, etwas aufzugeben. Doch der Selbstsüchtige tut das unter Zwang. Es gleicht dem Pflücken einer unreifen Frucht. Man muss sie vom Baum abreißen und verletzt dabei den Ast. Aber für den Menschen, der liebt, wird das Geben zur Freude, wie für den Baum, der die reife Frucht preisgibt. Die Schwerkraft unserer selbstsüchtigen Begierden verleiht unserem Besitz Gewicht, wir können ihn nicht einfach abwerfen. Er scheint Teil unseres Wesens zu sein, eine zweite Haut, und wir würden bluten, wenn wir sie ablösten. Wenn wir jedoch von Liebe erfüllt sind, wirkt ihre Kraft in die entgegengesetzte Richtung. Unsere Besitztümer verlieren ihre Anhaftung und ihr Gewicht, und wir erkennen, dass sie kein Teil von uns sind. Sie fortzugeben erscheint uns alles andere als ein Verlust, wir finden darin unsere Erfüllung.

22. APRIL

Eines Abends fuhr ich in einem Boot auf dem Ganges. Die Sonne war gerade untergegangen, die Stille des Himmels floss über von Schönheit und Frieden. Die weite Wasserfläche lag spiegelglatt da und reflektierte alle Schattierungen des Abendrots. Als unser Boot lautlos am Ufer entlangglitt, kam plötzlich ein großer Fisch an die Wasseroberfläche und verschwand wieder, wobei alle Farben des Abendhimmels auf seinem Leib schimmerten. Er zog für einen Augenblick den bunten Vorhang beiseite, hinter dem sich eine stille Welt voller Lebensfreude verbirgt. Er fügte der stillen Symphonie des schwindenden Tages seine eigene Melodie hinzu. Mir war, als hätte ich einen Gruß aus einer fremden Welt empfangen, der mein Herz mit Freude erfüllte. Da rief plötzlich der Mann am Steuer mit tiefem Bedauern aus: »Oh, was für ein dicker Fisch!« Er sah in Gedanken sofort das Bild eines gefangenen und gebratenen Fischs. Er vermochte den Fisch nur durch die Augen seiner Begierden zu sehen, so entging ihm die volle Wahrheit von dessen Existenz.

23. APRIL

Eine Zivilisation darf nicht nach ihrer Machtfülle beurteilt und bewertet werden, sondern danach, wie viel Menschenliebe sie durch ihre Gesetze und Institutionen entwickelt und zum Ausdruck gebracht hat. Die erste und die letzte Frage, die sie beantworten muss, lautet, ob und inwieweit sie den Menschen eher als Seele oder als Maschine betrachtet. Jedes Mal, wenn eine alte Zivilisation zerfiel, geschah das aus Gründen, die zur Abstumpfung des Herzens und zur Entwürdigung des Menschen geführt hatten.

24. APRIL

In der Liebe sind Gewinn und Verlust im Einklang. In ihrer Bilanz stehen Soll und Haben auf der gleichen Seite und gegebene Geschenke werden unter den Gewinnen verbucht. Bei diesem wundervollen Fest der Schöpfung, dieser großen Opferzeremonie Gottes, gibt sich der Liebende beständig hin, um sich in der Liebe wiederzufinden. Tatsächlich ist die Liebe das, was den Akt des Aufgebens und den des Empfangens zusammenführt und untrennbar vereint.

25. APRIL

Dinge, an denen wir keine Freude haben, sind für unseren Geist entweder eine Last, die wir unter allen Umständen wieder loswerden möchten, oder sie sind nützlich und besitzen daher zeitweilig und teilweise eine Bedeutung für uns. Sie werden aber sofort zur Last, wenn ihr Nutzen verloren geht. Oder aber sie sind wie wandernde Vagabunden, die einen Augenblick am Rande unseres Bewusstseins Rast machen und dann weiterziehen. Ein Ding gehört uns nur dann ganz, wenn es uns Freude bereitet.

26. APRIL

Schönheit ist allgegenwärtig, daher ist alles imstande, uns Freude zu schenken. Wenn der Mensch Kraft hat, die Dinge losgelöst von seinem persönlichen Nutzen und den fordernden Ansprüchen der Sinneslust zu betrachten, kann er überall Schönheit erblicken. Nur dann vermag er zu erkennen, dass das, was uns unangenehm ist, nicht notwendigerweise unschön sein muss, sondern dass die Schönheit der Dinge in ihrer Wahrheit liegt.

27. APRIL

Schönheit ist das Lächeln der Wahrheit, wenn sie ihr eigenes Antlitz in einem vollkommenen Spiegel erblickt.

28. APRIL

Es ist das letzte Ziel unseres Daseins, zu wissen, dass Schönheit Wahrheit und Wahrheit Schönheit ist. Wir müssen die ganze Welt in Liebe erkennen, denn die Liebe gebiert sie, erhält sie und nimmt sie auch wieder in ihren Schoß auf.

29. APRIL

Den Menschen zeichnet die Entwicklung eines Bewusstseins aus, das schrittweise die Erkenntnis seiner unsterblichen Seele, die vollkommen und ewig ist, vertieft und erweitert. Es inspiriert diejenigen seiner Schöpfungen, die seine Göttlichkeit offenbaren, die zugleich seine wahre Menschlichkeit ausmacht. Sie manifestieren sich in vielfältiger Weise durch Wahrheit, Güte und Schönheit und in der Freiheit eines Handelns, das nicht eigennützig ist. Der einzelne Mensch muss für den göttlichen Menschen existieren, muss ihm in uneigennützigen Taten Ausdruck verleihen, durch Wissenschaft und Philosophie, durch Literatur und Kunst, durch Andacht und Verehrung. Das ist die Religion, die unter verschiedenen Namen und Formen im Herzen aller Religionen wirkt.

30. APRIL

Auf der Oberfläche unseres Wesens spiegeln sich nur die in steter Veränderung begriffenen Bilder des individuellen Selbst, aber in der Tiefe wohnt jenseits unserer direkten Wahrnehmung der Geist der menschlichen Einheit. Er widerspricht oft den Gepflogenheiten unseres alltäglichen Lebens und stört die Ordnung, die unsere persönliche Abgrenzung hinter den Mauern unserer individuellen Gewohnheiten und Konventionen sichern soll. Er regt uns zu Taten an, die Ausdruck universaler Menschlichkeit sind. Er verlangt mitten im egoistischen Leben unerwartet Opfer von uns. Auf seinen Ruf hin widmen wir unser Leben der Sache der Wahrheit und Schönheit, verrichten den Dienst am Nächsten, ohne Lohn zu erwarten – trotz unserem mangelnden Glauben an die Wirklichkeit idealler Werte.

Krishna mit seiner Geliebten Radha

1. MAI

In Zusammenhang mit meiner eigenen Spiritualität erwähne ich immer wieder Lieder, die ich von den wandernden Sängern der bengalischen Sekte der Bauls gehört habe. Sie besitzen weder Götterbilder noch Tempel, weder heilige Schriften noch Zeremonien. In ihren Liedern verkünden sie die Göttlichkeit des Menschen und geben ihrer großen Liebe zu ihm Ausdruck:

> Darum, o Bruder, bin ich ein verzückter Baul
>   geworden.
> Ich folge keinem Meister, weder Regeln noch
>   Gebräuchen,
> für mich gelten keine Standesunterschiede.
> Ich schwelge allein im Glück meiner
>   überschäumenden Liebe.
> In der Liebe gibt es keine Trennung, nur
>   Verschmelzung.
> So erfreue ich mich an meinen Liedern und tanze
>   mit allem und jedem.

2. MAI

Es war von Kindheit an eine Eigenart von mir, dass ich mich weigerte, irgendeine religiöse Lehre zu akzeptieren, bloß weil die Menschen in meiner Umgebung sie für wahr hielten. So konnte sich mein Geist in einer Atmosphäre der Freiheit entwickeln, Freiheit von der Vorherrschaft eines Glaubens, der durch die Autorität irgendwelcher Schriften oder der Lehre einer organisierten Gemeinde abgesegnet wurde. Wenn ich heute zurückblicke, scheint mir, dass ich unbewusst dem Pfad meiner vedischen Vorfahren folgte. Das Wunder der Wolken, die sich regenschwer am Himmel sammeln, das plötzliche Aufziehen eines tropischen Sturms, die Einsamkeit eines glühend heißen Sommertags, der stille Sonnenaufgang hinter dem Schleier aus Tau an einem Herbstmorgen – all das erfüllte mein Herz mit dem Gefühl innigster Verbundenheit.

3. MAI

Aus der erhabenen Düsterkeit des Tempels rennen die Kinder hinaus an die Sonne und spielen im Staub der Straße. Gott schaut ihnen zu und vergisst die Priester.

4. MAI

Meine Religion ist die Religion eines Dichters und nicht die eines Gläubigen von orthodoxer Frömmigkeit oder die eines Theologen. Sie erreicht mich über dieselben weglosen Pfade, auf denen mich auch die Inspiration für meine Lieder aufsucht. Mein religiöses Leben folgt demselben geheimnisvollen Wachstum wie mein Dichterleben. Beide sind miteinander verheiratet, und obwohl dem eine lange Zeit der Werbung vorausging, hatten sie es vor mir verheimlicht.

5. MAI

Ich bin mir sicher, dass ein Wesen, das mich und die Welt umfasst, in all meinen Erfahrungen Ausdruck sucht, sie in einer sich immer mehr erweiternden Individualität vereint, die ein spirituelles Kunstwerk ist. Diesem Wesen bin ich verantwortlich, denn die schöpferische Kraft in mir gehört sowohl mir als auch ihm. Darin habe ich meine Religion gefunden. In diesem Wesen offenbart sich das Göttliche der Menschheit, und es ist mir so vertraut, dass es meiner Liebe und schöpferischen Arbeit bedarf. Dieses Wesen bezeichne ich in meinen Gedichten zuweilen als *jivan devata* – Herr meines Lebens.

6. MAI

Ich weiß nicht, warum Du mich als Gefährten
　　erwählt hast,
Herr meines Lebens!
Verwahrst Du meine Tage und Nächte,
meine Taten und Träume für die Alchemie Deiner
　　Kunst?
Webst Du meine Lieder über Frühling und Herbst in
　　den Teppich Deiner Musik?
Sammelst Du die Blumen meiner erleuchteten
　　Augenblicke, um sie in Deine Kränze zu flechten?
Ich frage mich, ob meine Fehler und Vergehen
　　vergeben sind,
denn viele meiner Tage verstreichen ohne Andacht,
und während vieler Nächte hab ich Dich vergessen.
Nutzlos die Blumen, die im Schatten verwelken, statt
　　Dir dargebracht zu werden.
Oft erlahmten die schlaffen Saiten meiner Laute unter
　　den Klängen Deiner Melodien,
und oft waren die trostlosen Abende wegen der vielen
　　verschwendeten Stunden von Tränen erfüllt.

7. MAI

Von Kindheit an besaß ich eine große Empfindsamkeit, die meinen Geist ständig mit der Wahrnehmung meiner Umwelt – Natur wie Menschen – in Bewegung hielt. Zu unserem Haus gehörte ein kleiner Garten, der für mich ein Märchenland war, in dem sich jeden Tag Wunder der Schönheit ereigneten. Fast jeden Morgen eilte ich direkt aus dem Bett in den Garten, um das erste blassrosa Leuchten der Sonne zu begrüßen, das durch die zitternden Blätter der Palmen schien, und das Gras glitzerte, als die Tautropfen den ersten Hauch der Morgenbrise einfingen. Der Himmel entbot mir den Gruß der Freundschaft, und mein ganzes Herz, ja, mein ganzer Körper trank in einem Zug das überfließende Licht und den Frieden dieser stillen Stunden. Ich wollte keinen einzigen Morgen verpassen, so wertvoll war jeder einzelne für mich, wertvoller als Gold für einen Geizhals. Ich spürte den tieferen Sinn meiner Existenz, wenn die Grenzen zwischen mir und der Außenwelt verschwanden.

8. MAI

In meiner Jugend hörte ich zum ersten Mal zufällig ein Lied von einem Bettler, der der bengalischen Sekte der Bauls angehörte. Mich berührte seine tief empfundene, gefühlvolle Aufrichtigkeit. Er sprach von einem tiefen Sehnen des Herzens nach dem Göttlichen, das im Menschen zu finden ist und nicht im Tempel, noch in heiligen Schriften, Bildern und Symbolen:

> Tempel und Moscheen verstellen den Pfad zu Dir,
> und ich kann Deinen Ruf nicht vernehmen,
> wenn sich Schriftgelehrte und Priester zornig um
> mich scharen.

9. MAI

Gott wartet darauf, dass wir Ihm einen Tempel aus Liebe bauen, aber wir schleppen Steine herbei.

10. MAI

Später bin ich immer wieder den Sängern der Bauls begegnet und habe versucht, sie durch ihre Lieder zu verstehen, die ihre einzige Form des Gottesdienstes sind. Die Bauls folgen keiner Tradition von Ritualen, sondern glauben allein an die Liebe:

> Die Liebe ist der Stein der Weisen,
> der durch seine Berührung Gier in Opfer
>   verwandelt.
> Wegen dieser Liebe will der Himmel zur Erde
>   werden
> und die Götter zu Menschen.

11. MAI

In einem ihrer Lieder besingen die Bauls ihre Vorstellung einer Pilgerreise:

> Mein Herz, ich werde weder nach Mekka noch nach
>   Medina pilgern,
> denn wisse, ich bleibe stets an der Seite des einen
>   Freundes.
> Ich würde den Verstand verlieren, weilte ich in der
>   Ferne, ohne Ihn zu kennen.
> Es gibt keine Anbetung in Tempel und Moschee,
>   keine geheiligten Tage,
> jeder Schritt von mir ist Kashi und Mekka und jeder
>   Augenblick heilig.

12. MAI

In Indien hat es Menschen gegeben, die nie gelehrte Abhandlungen über spirituelle Vervollkommnung geschrieben haben, aber den überwältigenden Wunsch und die praktische Übung besaßen, sie zu erlangen. Mit ihrem Leben legten sie Zeugnis ab von ihrer Vertrautheit mit dem Göttlichen, das in allen Menschen steckt, der formlosen Allseele, die sich in der Form der menschlichen Einzelseele offenbart. Der indische Dichter und Heilige Rajjab, der im Mittelalter gelebt hat, sagt darüber:

»Du bist der göttliche Mensch, du bist kein Trugbild, sondern Wahrheit. In dir sucht das Unendliche das Endliche, das vollkommene Wissen sucht die Liebe, und wenn die Form und das Formlose vereint sind, erfüllt sich die Liebe in der Hingabe.«

13. MAI

Als ich jung war, hatte ich das Glück, dass mir eine alte Textsammlung vischnuitischer Dichter in die Hände fiel. Ich erkannte, dass unter der oberflächlichen Bedeutung dieser Liebeslyrik ein tieferer Sinn lag. Ich erfuhr die Freude eines Entdeckers, der plötzlich den Schlüssel zu einer Sprache findet, die in der schönen Gestalt von Hieroglyphen verborgen ist. Ich war mir sicher, dass diese Dichter vom göttlichen Geliebten sprachen, dessen Anwesenheit wir in all unseren Empfindungen der Liebe spüren: der Liebe zur Schönheit der Natur, zu den Kindern, dem Gefährten, der Geliebten. Sie sangen von einer Liebe, die über zahllose Hindernisse zwischen Mensch und Gott fließt. Es ist eine ewige Bindung, eine Beziehung gegenseitiger Abhängigkeit, die zu ihrer Erfüllung der vollkommenen Vereinigung des Einzelnen mit der Allseele bedarf.

14. MAI

Die vischnuitischen Dichter sangen von dem Geliebten, der auf seiner Flöte die vielfältigen Töne der Schönheit und der Liebe spielte, die in Mensch und Natur existieren. Diese Töne überbringen uns die Botschaft einer Einladung. Sie drängen uns unablässig, die Abgeschiedenheit unseres selbstbezogenen Lebens zu verlassen und das Reich von Liebe und Wahrheit zu betreten. Sind wir von Natur aus taub, oder haben uns die Ansprüche dieser Welt, die Selbstsucht und der Lärm der Marktschreier taub gemacht? Wir überhören die Stimme des Geliebten, wir kämpfen, wir rauben, wir beuten die Schwachen aus, wir machen aus unserem Leben eine Wüste, weil wir uns von dem Strom der Liebe abwenden, der aus dem blauen Himmel zu uns hinabfließt und dem Schoß der Erde entspringt.

15. MAI

Es gibt Menschen, die Wahrheit suchen, und es gibt Menschen, die Reichtum suchen. Ich suche Deine Gesellschaft, mein Gott, damit ich singen kann.

16. MAI

Bloße Informationen über Tatsachen gehören zur äußeren Oberfläche und nicht zur inneren Seele der Dinge. Freude ist das eine Kriterium der Wahrheit. Wenn die Freude ihre Musik erklingen lässt, wissen wir, dass wir die Wahrheit berührt haben. Freude ist der Gruß, den sie der Wahrheit in uns entbietet. Das ist die Grundlage aller Religionen. Wir nehmen das Licht nicht als Ätherwellen wahr, der Morgen wartet nicht darauf, uns durch eine wissenschaftliche Erklärung vorgestellt zu werden. Genauso berühren wir die unendliche Wirklichkeit in uns nur, wenn wir die reine Wahrheit von Liebe oder Güte wahrnehmen, und nicht durch theologische Erklärungen oder die gelehrte Diskussion ethischer Doktrinen.

17. MAI

Ich habe gesagt, dass meine Religion die eines Dichters ist. Sie erschließt sich mir durch Vision, nicht durch Wissen. Ich gebe offen zu, dass ich irgendwelche Fragen nach dem Bösen oder dem, was nach dem Tod geschieht, nicht befriedigend beantworten kann. Aber ich habe Augenblicke erfahren, in denen meine Seele das Unendliche berührt hat, sie wurde sich ihrer durch die Erleuchtung der Freude zutiefst bewusst. In den Upanischaden heißt es, dass unser Verstand und unsere Worte durch die göttliche Wahrheit verwirrt werden, wer sie aber durch die unmittelbare Freude seiner Seele erfährt, ist von allen Zweifeln und Ängsten befreit.

18. MAI

Im Dunkel der Nacht stolpern wir über die Dinge und werden uns schmerzhaft ihrer Isolierung und Vereinzelung bewusst. Aber das Licht des Tages offenbart den größeren Zusammenhang, in dem sie vereint sind. Der Mensch, dessen innere Schau ins Licht des Bewusstseins getaucht ist, erkennt, dass die spirituelle Einheit alle Unterschiede wettmacht. Sein Verstand stolpert nicht mehr über vereinzelte Fakten, die er für endgültig hält. Er erkennt, dass Frieden in dem inneren Einklang besteht, der in der Wahrheit liegt, und nicht in einer äußerlichen Ordnung. Er weiß, dass Schönheit die ewige Versicherung unserer spirituellen Beziehung zur Wirklichkeit in sich trägt, die auf die Vervollkommnung durch unsere Liebe wartet.

19. MAI

In den Upanischaden heißt es: *ma gridah* – begehre nicht. Begierde lenkt die Aufmerksamkeit von dem unendlichen Wert unserer Seele auf die Versuchung des Materiellen. Die Barden der Bauls singen: »Du wirst den göttlichen Menschen erblicken, mein Herz, wenn du die Pforten der Begierde schließt.« In der modernen Gesellschaft haben sich unsere Begehrlichkeiten derart schnell vervielfacht, dass wir die Muße verloren haben, unser wahres Selbst zu erkennen und ihm zu vertrauen. Das bedeutet, dass wir unsere Religion verloren haben, die Sehnsucht nach dem Göttlichen im Menschen, dem Schöpfer der Musik, dem Träumer von Träumen. Das hat es einfach gemacht, unseren Glauben an die Vollkommenheit der menschlichen Ideale zu zerstören.

20. MAI

In unseren heiligen Schriften heißt es: »Durch *adharma* (die Verneinung von *dharma*, Religion) ist dem Menschen Erfolg beschieden, erlangt er, was ihm begehrenswert erscheint, und besiegt er seine Feinde, aber dadurch kappt er auch seine Wurzeln und verdorrt.« Diese Worte besagen, dass es für die Menschen ein Leben gibt, das wahrhaftiger ist als ihr physisches Dasein, das vergänglich ist.

21. MAI

Als Kind bastelte ich mir aus alltäglichem Kleinkram mein eigenes Spielzeug. Meine Freude daran teilte ich mit meinen Spielgefährten, ja, der Spaß am Spiel hing sogar davon ab, dass sie mitspielten. In dieses Paradies der Kindheit brach eines Tages die moderne Welt der Erwachsenen ein. Einer von uns bekam ein Spielzeug aus einer englischen Fabrik geschenkt. Es war vollkommen, es war groß, es war makellos. Er war stolz darauf und vergaß darüber das Spiel. Er hielt das teure Ding sorgfältig von uns fern, schwelgte in seinem Besitzerstolz und fühlte sich überlegen, weil wir nur primitives Spielzeug besaßen. Er bemerkte nicht, wie dieses perfekte Ding etwas noch viel Perfekteres zerstörte, nämlich das vollkommene Kind oder, mit anderen Worten, den *dharma* des Kindes. Das Spielzeug offenbarte nur seinen Reichtum, aber nicht ihn selbst, nicht den schöpferischen Geist des Kindes, sein Vergnügen am Spiel und an der Freundschaft zu seinen Gefährten.

22. MAI

Einmal fuhren wir mit dem Auto eine Strecke von hundert Meilen nach Kalkutta. Wegen eines Motorschadens mussten wir alle halbe Stunde das Kühlwasser nachfüllen. Im ersten Dorf, in dem wir Halt machten, baten wir jemanden, Wasser für uns aufzutreiben. Das war gar nicht so einfach, aber als wir ihm Geld als Bezahlung anboten, wies er es, arm wie er war, zurück. In fünfzehn weiteren Dörfern geschah dasselbe. In einem heißen Land, in dem Reisende ständig Wasser brauchen und in dem die Wasservorräte im Sommer zur Neige gehen, halten es die Dorfbewohner für ihre Pflicht, jene mit Wasser zu versorgen, die es benötigen. Sie könnten ganz leicht ein Geschäft damit machen, indem sie den unerbittlichen Gesetzen von Angebot und Nachfrage folgten. Aber das, was sie für ihren *dharma* (religiöse Pflicht) hielten, war mit ihrem Leben verschmolzen. Sie beanspruchten keinen persönlichen Verdienst dafür, dass sie das Wasser besaßen.

23. MAI

Die Fähigkeit schlichter Bauern, beträchtliche Mühen auf sich zu nehmen, um fremde Reisende mit Wasser zu versorgen, ohne dafür eine Belohnung zu erwarten, erscheint einfach im Vergleich mit technischen Fähigkeiten, die es uns ermöglichen, komplizierte Maschinen herzustellen. Ja, es ist einfach, so einfach wie es für einen Gentleman ist, ein Gentleman zu sein. Aber diese Einfachheit ist das Ergebnis von Jahrhunderten der Kultivierung, und sie ist nur schwer nachzuahmen. Diese einfache und schlichte Gastfreundschaft gegenüber Fremden, ja, sogar gegenüber Feinden erfordert die Übung von Generationen. Der spirituelle Ausdruck von Einfachheit ist die höchste Errungenschaft einer Zivilisation.

24. MAI

Wenn unsere Not drängend wird, wenn die Ressourcen, auf die wir uns so lange verlassen haben, erschöpft sind, dann suchen wir mit aller Macht nach anderen Quellen, die ergiebiger und dauerhafter sind. Das führt uns von den äußeren in die inneren Kammern unseres Vorratshauses. Wenn die Muskeln nicht mehr weiterhelfen, wenden wir uns an den Verstand und stellen fest, dass er eine größere Kraftquelle darstellt als unsere physische Stärke. Und wenn wiederum unsere Verstandeskräfte versagen, muss unsere Seele einen Verbündeten suchen, dessen Macht noch tiefer gründet und die noch weiter von blinder Muskelkraft entfernt ist. Heute benötigen wir mehr denn je zuvor in unserer Geschichte die Hilfe spiritueller Kraft, und darum bin ich davon überzeugt, dass wir sie in den verborgenen Tiefen unseres Seins auch entdecken werden.

25. MAI

Lasst uns Träumer im Osten und im Westen fest an das Leben glauben, das schöpferisch ist, und nicht an die Maschine, die produziert. An die Kraft des Lebens, das seine Macht verbirgt, und nicht an die Macht, die offen mit ihrer Gewaltbereitschaft kokettiert. Die Maschine ist gut, wenn sie hilft, aber nicht, wenn sie das Leben ausbeutet und zerstört.

26. MAI

Ich erinnere mich an einen Morgen in einem Dorf in Bengalen, als eine Bettlerin in dem geschürzten Ende ihres Saris die verwelkten Blumen aus der Vase von meinem Tisch aufsammelte, die weggeworfen werden sollten. Mit einem ekstatischen Ausdruck der Zärtlichkeit presste sie ihr Gesicht auf die Blumen und rief aus: »O Geliebter meines Herzens!« Ihr Blick durchtrennte mit Leichtigkeit den Schleier der äußeren Form und drang bis in die Seele dieser Blumen vor, wo sie die innige Umarmung mit ihrem Geliebten, der Allseele, erwartete. Aber bei all dem besaß sie nicht die Energie der Verehrung, die der Westen im direkten Dienst am Göttlichen in der Welt entwickelt hat, die der Erde hilft, Blumen wachsen zu lassen und das Reich der Schönheit bis in die Wüsten auszudehnen. Ich weigere mich zu glauben, dass die verschwisterte Spiritualität von Ost und West, von Maria und Martha, sich nicht vereinigen kann, um die Wahrheit vollkommen zu verwirklichen. Und ich warte geduldig auf dieses Treffen.

27. MAI

Freiheit im Sinne bloßer Unabhängigkeit besitzt keinen eigenen Inhalt und ist daher bedeutungslos. Vollkommene Freiheit besteht im vollkommenen Einklang einer Beziehung, den wir mit dieser Welt nicht dadurch herstellen, dass wir mit unserem Wissen auf sie antworten, sondern dadurch, dass wir dies mit unserem Sein tun. Der Gegenstand des Wissens bleibt vom Wissenden unendlich weit entfernt, denn Wissen ist keine Vereinigung. Daher wartet die Welt größerer Freiheit dort, wo wir die Wahrheit weder durch Sinneswahrnehmung noch durch Verstandeskraft erfahren, sondern durch die Vereinigung im vollkommenen Mitgefühl.

28. MAI

Ich kenne Leute, die das einfache Leben predigen, indem sie die spirituellen Vorzüge der Armut verherrlichen. Ich weigere mich, der Armut irgendeinen besonderen Wert beizumessen, wenn sie bloße Verneinung ist. Nur wenn die Seele die Empfindsamkeit besitzt, den Ruf einer höheren Wirklichkeit zu vernehmen, verliert sie die Empfänglichkeit für die Verlockungen des vorgeblichen Wertes der Dinge. Es ist diese Gefühllosigkeit, die uns unserer Fähigkeit zu schlichter Freude beraubt und uns zum würdelosen Stolz auf materielle Dinge verdammt. Wer die Gefühllosigkeit des Luxus mit der Gefühllosigkeit der Askese bekämpfen will, treibt nur das eine Übel mit einem anderen aus. Er ersetzt den rücksichtslosen Dämon des Dschungels durch den erbarmungslosen Dämon der Wüste.

29. MAI

Auch wenn unsere weltlichen Bindungen alle endlich sind, können wir sie, solange sie bestehen, nicht ungestraft ignorieren. Wenn wir uns so verhielten, als würden sie nicht existieren, nur weil sie nicht ewig sind, werden sie dennoch weiterhin ihren Tribut fordern, sogar um einen gehörigen Strafzoll erhöht. Der Versuch, Fesseln zu ignorieren, die real sind, wenn auch vergänglich, stärkt sie nur. Die Seele ist groß, aber wir müssen erst das Ego durchqueren, um sie zu erreichen. Wir erlangen unser Ziel nicht, indem wir den Weg dorthin zerstören.

30. MAI

Individualität ist kostbar, denn nur durch sie können wir das Universale verwirklichen. Wäre sie ein Gefängnis, das uns für immer in einem eng begrenzten Bereich der Wahrheit einschlösse, ohne Bewegung und Wachstum zuzulassen, würde das Dasein für uns, die eine lebendige Seele besitzen, zur Beleidigung, so wie ein Käfig für Geschöpfe, die fliegen können. Leider gibt es Menschen, die sehr stolz darauf sind, ihre Besonderheit herauszustellen und der Welt zu erklären, dass sie für immer auf ihrem Sockel der Einzigartigkeit stehen. Sie vergessen, dass nur Misstöne einzigartig sind und deshalb ihren Platz außerhalb der universalen Welt der Musik beanspruchen können.

31. MAI

Es sollte die Aufgabe der Religion sein, uns das universale Ideal der Wahrheit zu vermitteln und es rein zu halten. Aber die Menschen haben mit ihrer Religion oft Missbrauch getrieben, haben mit ihrer Hilfe Mauern errichtet, um ihre Abgeschiedenheit zu sichern. Im Bereich der weltlichen Dinge sind unsere individuellen Grenzen, trotz ihrer Stärke, anpassungsfähig, sie ändern ständig ihren Verlauf. Ein Mensch, der für mich ein Fremder ist, kann morgen zum engen Vertrauten werden, wer mein Feind war, kann mit der Zeit zum besten Freund werden. Wenn wir aber die Religion zur Abgrenzung bei unseren gegenseitigen Beziehungen benutzen, werden diese Grenzen unverrückbar.

Durga auf dem Tiger bekämpft
den Büffeldämon

1. JUNI

In seinem Streben nach Vollkommenheit beschäftigte sich der Mensch zunächst mit äußerlichen Ritualen und Zeremonien. Schließlich erklärte er, so in den Lehren der *Bhagavad-Gita*, dass das Opfer, das in der inneren Welt vollzogen wird, den materiellen Opfern überlegen ist. Und durch die Worte Christi hat er vernommen, dass Reinheit nicht in äußerlichen Gebeten und Verboten liegt, sondern in der Heiligung des Herzens.

2. JUNI

Nur der erkennt die Wahrheit, der seine Seele in den Seelen der anderen erkennt und die Seelen der anderen in seiner eigenen. Das ist die Anrufung der Allseele im Geiste jedes Einzelnen.

3. JUNI

Der Mensch nimmt in seinem Herzen ein tiefes Sehnen wahr und spürt, dass er nicht ausschließlich ein Individuum ist: In der Seele ist er auch eins mit dem universalen Menschen, unter dessen Einwirkung es der Einzelne unternimmt, die letzte Wahrheit auszudrücken, indem er die Beschränkungen der Natur überwindet. Dem gibt er die Namen Wahrheit, Güte und Schönheit, nicht bloß in Hinsicht auf den Erhalt und die Bereicherung der Gesellschaft, sondern auch zur Vervollkommnung der eigenen Seele.

4. JUNI

In den Mythologien fast aller Völker finden wir die Vorstellung eines vergangenen goldenen Zeitalters. Auch wenn die Menschen nicht mehr daran glauben, dass es früher einmal existiert hat, steckt in all unserem Streben nach Vollkommenheit die Erwartung eines zukünftigen goldenen Zeitalters. Jemand mag ein noch so überzeugter Atheist sein, es wird doch keinen Augenblick geben, in dem er es als Verlust betrachten würde, seine unmittelbare Gegenwart zu opfern, wenn er weiß, dass seine Existenz in der noch nicht angebrochenen Zukunft dadurch wahrhaftiger sein wird.

5. JUNI

Die Seele des Menschen strebt ständig nach einer Vollkommenheit, die noch nicht erreicht ist, wie eine Pflanze im dunklen Raum, die dem Licht jenseits der Mauern zustrebt. Das Licht ist eine Realität. Würde die Quelle, von der die Anziehung der Vervollkommnung ausgeht, nicht genau so real sein, wäre alles Nachdenken der Menschen, alles, was sie unternehmen, um den Geist zu verfeinern, ihn über die Bedürfnisse der nackten Existenz zu erheben, absolut bedeutungslos. Manchmal verwirklichen wir diese Wahrheit in unseren Entscheidungen, in unserer Meditation und in unseren Idealen.

6. JUNI

In den heiligen Schriften Indiens heißt es: »In der menschlichen Natur gibt es Wünschenswertes, und anderes, das nicht erwünscht ist. Der Weise hält beides auseinander. Wer dem Guten folgt, ist rein, wer dem Bösen folgt, bleibt unter seinem wahren Wert.«

Wir betrachten diese Äußerungen als gewöhnliche moralische Maximen und meinen, sie seien allein als Verhaltensregeln gedacht. Aber dieser Vers zielt nicht auf das Sozialverhalten des Menschen. Er soll zeigen, wie wir die Wahrheit unserer Seele erfahren können.

7. JUNI

Der Wunsch nach dem, was die animalischen Instinkte in uns befriedigt, ist in unserem Wesen angelegt. Aber das Streben nach dem Guten, nach dem, was wünschenswert sein sollte, ist ebenfalls vorhanden. Wenn der Mensch dem Guten folgt, vergrößert er nicht seinen Besitz, sondern er wird etwas. Es macht ihn nicht reich, verschafft ihm keine Macht und trägt ihm auch keine gesellschaftliche Ehre oder Anerkennung ein. Im Gegenteil, höchstwahrscheinlich sieht er sich sogar Schimpf und Schande ausgesetzt.

8. JUNI

Wenn der Mensch zum Tier wird, ist er schlimmer als ein Tier.

9. JUNI

Ein Astronom macht die Beobachtung, dass ein Planet von seiner Umlaufbahn abweicht. Daraus schließt er mit absoluter Sicherheit, dass dies von der Anziehungskraft eines anderen, nicht sichtbaren Planeten verursacht wird. Man kann ebenfalls beobachten, dass der menschliche Geist nicht exakt der Bahn folgt, die ihm von der Natur zur reinen Lebenserhaltung vorgeschrieben wird. Er weicht ins Ungewisse ab, zum Transzendenten. Das hat den Menschen zur Entdeckung des Spirituellen geführt. Von dort empfängt er seine Befehle, dort befindet sich der Mittelpunkt seiner Existenz.

10. JUNI

Aller Kummer der Menschen wird durch die Verhüllung der inneren Wahrheit verursacht, durch die Suche nach Gott in äußeren Formen, indem wir uns von uns selbst entfremden, indem wir versuchen, uns durch Geld, Ruhm und Genusssucht zu verwirklichen. Einst hörte ich, wie ein wandernder Bettler die Klage des Menschen sang, der sich in Äußerlichkeiten verliert und die Berührung mit dem Ewigen in sich selbst einbüßt:

»Wo kann ich Ihn finden, den Geliebten meines Herzens? Weil ich Ihn verloren habe, ziehe ich auf der Suche nach Ihm durch fremde und ferne Lande.«

Von einem anderen dieser einfachen, des Lesens und Schreibens unkundigen Bettler vernahm ich die Zeile:

»In dir liegt ein tiefes, unauslotbares Meer verborgen.«

11. JUNI

Die tiefste und wahrhaftigste Beziehung zwischen zwei Seelen bezeichnen wir als Liebe. Die physische Welt erfahren wir durch unsere Sinneswahrnehmungen, aber die spirituelle Welt erfassen wir durch Liebe. Vom Augenblick der Geburt an schließt der Mensch durch die Liebe seiner Eltern Bekanntschaft mit dem Spirituellen. Die Welt, in die wir hineingeboren werden, können wir durch die Betrachtung von außen verstehen, aber das Mysterium der Elternschaft vermögen wir nur in der Tiefe unserer Seele zu erfahren.

12. JUNI

Der Verstand ist für den Erhalt des Lebens unverzichtbar, aber es gibt viele Beispiele im Leben, dass Erfolge auch trotz eines unvollkommenen Sinns für Schönheit erzielt werden können. Der verletzte Schönheitssinn verhängt keine lebensgefährdenden Sanktionen, Verstöße in seinem Reich werden nicht unweigerlich geahndet. Und doch werden erstaunliche Anstrengungen und Mühen unternommen, um Schönheit zu schaffen, obwohl sie beim Erhalt des Lebens keinen Zweck erfüllt. Sie dient allein dazu, unser inneres Wesen zu verwandeln.

13. JUNI

Liebe bestraft, wenn sie vergibt,
verletzte Schönheit, indem sie schweigt.

14. JUNI

Mit der Höherentwicklung der Menschheit wird die Gotteserkenntnis allmählich von Vorurteilen befreit. Zumindest sollte es so sein. Dass es nicht immer so ist, liegt daran, dass wir alles, was mit Religion zu tun hat, für ewig erachten. Aus unserer Verehrung des ewigen Ideals der Religion folgt jedoch nicht, dass wir jede religiöse Lehrmeinung ebenfalls als ewig erachten müssen. Auf die Wissenschaft übertragen würde das bedeuten, dass wir immer noch behaupten müssten, die Sonne würde sich um die Erde drehen. Aber in der Religion wird dieser Fehler oft begangen. Eine Gemeinde nennt ihre eigenen traditionellen Überlieferungen »Religion« und schadet damit der Religion an sich. Der Streit, die Grausamkeiten und der blinde Aberglaube, die daraus entstehen, sind in anderen Bereichen des menschlichen Lebens ohne Beispiel.

15. JUNI

In einem Artikel der *Times* las ich, dass die britische Luftwaffe ein Dorf in Afghanistan zerstört hatte und einer der Bomber notlanden musste. Ein afghanisches Mädchen führte die Besatzung zu einer Höhle, und ein Dorfältester hielt zu ihrem Schutz dort Wache. Vierzig Mann wollten die Briten mit gezückten Messern angreifen, doch der Dorfälteste konnte sie davon abbringen. Die ganze Zeit über ging das Bombardement weiter, und es kamen immer mehr, die in der Höhle Zuflucht suchten. Schließlich brachte man die Briten als Einheimische verkleidet in Sicherheit. Dieser Vorfall zeigt zwei verschiedene Aspekte der menschlichen Natur in ihren Extremen. Die Bombardierung aus der Luft ist die Demonstration schierer Macht. Den Feind mitten im Kampf zu schützen verweist auf etwas anderes. Der natürliche Instinkt, Feinde zu töten, ist die Eingebung des animalischen Triebs im Menschen. Doch er überwindet ihn und folgt dem seltsam anmutenden Gebot: Vergib deinen Feinden.

16. JUNI

In den heiligen Schriften heißt es: »Begehe keine Sünde an denen, die gegen dich gesündigt haben.« Ob sich nun ein Einzelner an dieses Gebot hält oder nicht, er wird es auf jeden Fall nicht als die Rede eines Verrückten verspotten. Im Leben der Menschen sehen wir hin und wieder, wie dieses Gebot befolgt wird, im Allgemeinen jedoch bekommen wir das Gegenteil geboten. Mit anderen Worten: Die Wahrheit zeigt sich nicht unbedingt in der bloßen Größe der Zahl, aber sie wird doch als wahr anerkannt.

17. JUNI

Die einzelne Blüte hat keinen Grund, die Vielzahl der Dornen zu beneiden.

18. JUNI

Der Konflikt zwischen dem »es ist« und dem »es sollte sein« besteht seit Anbeginn der Geschichte der Menschheit. Die Religionen zeugen in ihrer unterschiedlichen Form von den verschiedenen Versuchen, beides miteinander in Einklang zu bringen. Wäre dem nicht so, hätten sich im Gesetz des Lebens allein die Prinzipien von Vorteil und Nachteil, von Angenehmem und Unangenehmem durchgesetzt. Die Werte Tugend und Untugend, Gut und Böse hätten keinerlei Bedeutung erlangen können.

19. JUNI

Schmerz und Freude ändern unter dem Einfluss des Spirituellen ihre Bedeutung. Wer sein Leben der Wahrheit widmet, dem Wohl der Menschheit, wer sein Handeln an Idealen ausrichtet, stellt fest, dass persönliches Glück und Elend eine andere Bedeutung für ihn bekommen. So jemand gibt sein Glück leichten Herzens auf, und indem er Schmerz akzeptiert, überwindet er ihn. Im Leben der Selbstsüchtigen wiegt die Last von Leid und Schmerz sehr schwer, aber wenn der Mensch seinen Eigennutz besiegt, erträgt er ihr Gewicht mit Leichtigkeit. Seine Geduld angesichts bitterster Not und seine Bereitschaft zur Vergebung auch bei tiefsten Verletzungen erscheinen uns fast übermenschlich.

20. JUNI

Die Sehnsucht nach Gott bewegt den Menschen dazu, nach Vollkommenheit zu streben und Mühen auf sich zu nehmen, um von der Unwahrheit zur Wahrheit zu gelangen, von der Dunkelheit zum Licht, vom Tod zur Unsterblichkeit. Diese Herausforderung erlaubt es dem Menschen nicht, irgendwo stehen zu bleiben. Sie macht ihn zum ewigen Wanderer. Wer den Weg müde und erschöpft verlässt und sich eine feste Bleibe baut, errichtet sich sein eigenes Mausoleum. Die Großen unter den Menschen sind jene, die Wege bahnen und Pfade erkunden.

21. JUNI

In der *Brihadaranyaka-Upanishad* steht ein bemerkenswerter Vers: »Ein Mensch, der Gott außerhalb seiner selbst verehrt, der kennt ihn nicht.« Diese Behauptung kann empörten Protest hervorrufen. Soll denn der Mensch sein eigenes Selbst verehren? Dann würde der ganze Akt der Anbetung zu einer primitiven Verherrlichung des Ego. Das Gegenteil ist jedoch richtig. Es ist einfach, Gott nach außen zu projizieren und ihn durch traditionelle Zeremonien zu verehren. Weit schwieriger ist es, die göttliche Allseele in unserem Denken und Tun zu erkennen und zu verwirklichen. Daher heißt es: »Wer schwach ist, kann die spirituelle Wahrheit nicht erlangen.«

22. JUNI

Die Wahrheit, die in unseren heiligen Schriften in den Worten »Ich bin Er (Gott)« ausgedrückt wurde, klingt nach auf die Spitze getriebenem Egoismus, ist es aber nicht. Damit wird nicht das kleine, isolierte Selbst verherrlicht, sondern gemeint ist die große Seele in uns, die alles umfasst. Der Ausspruch »Ich bin Er« verkündet die Wahrheit der großen Einheit, die darauf wartet, von jedem Einzelnen verwirklicht und bestätigt zu werden.

23. JUNI

Die Freude, die uns Menschen angemessen ist, ist die Freude, die universal ist und von allen geteilt wird. Sie findet ihren Ausdruck in Kunst, Literatur und im sozialen Umgang des Menschen, in seiner Gastfreundschaft und seiner Liebe. Daher heißt es in unseren heiligen Schriften: *atithi devo bhava* – der Gast ist göttlich. Denn in das Haus des Menschen kommt der Gast als Gesandter der Allseele. Dieser Gastfreundschaft liegt die Philosophie des »Ich bin Er« zugrunde. Gastfreundschaft zu verweigern gilt als Schande, für Arm wie für Reich.

24. JUNI

Eines Tages verließ der Brahmane Ramananda seine Schüler und umarmte den Unberührbaren Nabha, den muslimischen Weber Kabir und den unreinen Kehrer Ruidas. In der damaligen Gesellschaft wurde er dadurch zum Ausgestoßenen, zum Kastenlosen. Aber in Wahrheit überwand er dadurch alle Kasten, erlangte die Stufe des universalen Menschen. An dem Tag sagte Ramananda unter Ächtung der Gesellschaft durch seine Tat: »Ich bin Er.« Mit dieser Wahrheit zerstörte er die Mauern der Verachtung und engstirniger Konventionen, die die Menschen voneinander trennen.

25. JUNI

Während der Leuchter aus Kristall die irdene Lampe zurechtweist, weil sie ihn Cousin genannt hat, geht der Mond auf, und mit einem einschmeichelnden Lächeln begrüßt der Kristallleuchter ihn mit den Worten: »Mein lieber, lieber Bruder.«

26. JUNI

Wenn wir, so sagen die Upanischaden, das nicht manifeste Unendliche und das manifeste Endliche in einer Ganzheit vereint erkennen, dann kennen wir in dieser Versöhnung einer Dualität die Wahrheit. Die unendliche Allseele im Menschen muss in der Endlichkeit des menschlichen Lebens, in der menschlichen Gesellschaft Ausdruck finden. Der Mensch muss dieses Ideal in die Tat umsetzen. So erklärt die *Iso-Upanishad*: »Du hast hundert Jahre zu leben, du musst handeln.« Fülle die hundert Jahre Leben mit Taten, die dem Anspruch gerecht werden, die Wahrheit »Ich bin Er« auszudrücken. Das wird nicht erreicht, indem man mit verschränkten Beinen im Lotossitz auf dem Boden hockt und die Atmung kontrolliert.

27. JUNI

Wenn die Pflanzen die Sonnenenergie aus dem All nicht in den Stoff des Lebens umwandeln würden, wäre diese Erde nur eine tote Wüste. Und wenn die Menschen nicht durch all die Jahrhunderte die ihnen innewohnende unerschöpfliche Energie der Allseele in Liebe und Wissen, Arbeit und Fürsorge umgewandelt hätten, in den lebendigen Stoff der menschlichen Gesellschaft, wäre die Menschheit schon längst auf die Stufe des Tierreichs herabgesunken. Getrennt von ihrer eigenen Wahrheit, sind die Menschen nicht überlebensfähig.

28. JUNI

Diese Welt ist voller Schönheit, aber man kann sich des Gefühls nicht erwehren, dass tief in ihrem Herzen ein Schmerz schlummert, der seine eigene unsterbliche Schönheit besitzt. Sie gleicht einer Perle von wunderbarer Form und Farbe, die in ihrem Innern eine Träne verbirgt, die ihr einen unschätzbaren Wert verleiht. Wir müssen all unsere Rechnungen mit Schmerz begleichen, ansonsten würde das Leben und diese Welt so billig wie Schmutz werden.

29. JUNI

Die Wahrheit zu kennen bedeutet, wahrhaftig zu werden, es gibt keinen anderen Weg. Wenn wir das Leben des egoistischen Selbst leben, ist es uns nicht möglich, die Wahrheit zu erkennen. »Komm heraus, komm fort!« – das ist der fordernde Ruf, den wir in unserer Seele vernehmen, das ist der Ruf im Blut des Kükens, das noch in der Schale steckt. Es ist aber nicht nur die Wahrheit, die uns befreit, sondern auch die Freiheit, die uns Wahrheit vermittelt. Darum legte der Buddha so viel Wert darauf, dass wir unser Leben von den Fesseln des Selbst befreien, denn dann offenbart sich die Wahrheit von allein.

30. JUNI

Erst in der Stille komme ich zu mir. In der Stadt ist das Leben so hektisch, dass man die rechte Perspektive verliert. Nach einer Weile sind wir des Ganzen überdrüssig, weil wir die Wahrheit unserer Seele aus dem Auge verlieren. Unser Geliebter wartet in der Tiefe unseres Herzens. Wenn wir ihn nicht immer wieder aufsuchen, wird die Tyrannei der Dinge unerträglich. Wir müssen wissen, dass unsere größten Reserven in unserem Herzen verborgen liegen. Wir müssen sie nutzen, um von unserem elenden Zustand geheilt zu werden.

Shivas Familie

1. JULI

Ich misstraue keiner Kultur, nur weil sie fremdartig ist. Ich bin im Gegenteil davon überzeugt, dass ein kultureller Schock für die Vitalität unserer intellektuellen Kräfte von großem Wert ist. Es ist allgemein anerkannt, dass vieles vom Geist des Christentums nicht nur der klassischen Kultur Europas, sondern der europäischen Mentalität insgesamt zuwiderläuft. Und doch war diese fremde Ideenwelt, die ständig gegen den vorherrschenden geistigen Strom Europas anschwamm, der wichtigste Faktor bei der Stärkung und Bereicherung seiner Kultur.

2. JULI

Wenn wir über eigenes kulturelles Kapital verfügen, dann wird der kulturelle Austausch mit der Außenwelt selbstverständlich und profitabel. Wer behauptet, dass ein solcher Austausch an sich falsch sei, fördert damit nur die schlimmste Sorte von Provinzialismus, die außer kultureller Armseligkeit nichts hervorbringt.

3. JULI

Bisher hat sich die Idee der Zusammenarbeit nur in einzelnen Gemeinschaften herausgebildet, in deren Grenzen Frieden und eine reiche Fülle des Lebens herrscht. Außerhalb dieser Grenzen ist die Idee der Zusammenarbeit nicht umgesetzt worden. Folglich leiden die Menschen auf dieser großen Welt unter ständiger Uneinigkeit. Wir fangen an zu begreifen, dass unsere Probleme weltweiter Natur sind. Kein Volk der Erde kann sie lösen, indem es sich von anderen abkapselt. Entweder überleben wir gemeinsam, oder wir gehen gemeinsam unter.

4. JULI

Unsere Loyalität darf nicht irgendeinem Land oder einem anderen begrenzten Stück Geographie gelten. Sie muss der Nation der gemeinsamen Idee gelten, der Individuen verschiedenster Staaten angehören, die ihre Opfergaben auf dem einen großen Altar der Menschlichkeit darbringen.

5. JULI

Wenn wir aus übersteigertem Nationalstolz laut tönen, dass der Westen nichts hervorgebracht habe, das für die Menschen von bleibendem Wert sei, dann nähren wir damit ernste Zweifel an dem Wert von allem, was der Geist des Ostens je hervorgebracht hat. Denn in Ost und West ist es derselbe Geist der Menschheit, der sich aus verschiedenen Richtungen der Wahrheit nähert. Lasst uns allen falschen Stolz ablegen und uns über jedes Licht freuen, das in irgendeinem Winkel der Erde entzündet wird, denn es dient dazu, unser gemeinsames Haus zu erleuchten.

6. JULI

Formalismus in der Religion entspricht dem Nationalismus in der Politik: Er bringt sektiererische Arroganz, gegenseitiges Unverständnis und eine Atmosphäre der Verfolgung hervor. Die indischen Heiligen des Mittelalters waren durch das Licht ihrer Liebe und ihre innere Erkenntnis der Wahrheit in der Lage, die spirituelle Einheit der Menschen wahrzunehmen. Daher ließen sie sich vom Streit der konkurrierenden Religionen der Hindus und Muslime, die so unversöhnlich scheinen, nicht verwirren.

7. JULI

Patriotismus besitzt eine hässliche Seite. In kleinen Geistern löst sich Patriotismus vom höheren Ideal der Menschlichkeit. Er bläht unser Ego in einem gewaltigen Ausmaß auf, er vergrößert unsere Gemeinheit, unsere Grausamkeit und unsere Gier. Er entthront Gott und setzt dieses aufgeblähte Ego an seine Stelle. Die ganze Welt leidet heutzutage unter diesem Kult der Teufelsanbetung. Ein Kult, der vom ständigen Nachschub von Hass, Verachtung und Lügen lebt.

8. JULI

Ein Freund von mir hier in den Vereinigten Staaten, der sich sehr für meine Sache einsetzt, ist Quäker. Er nimmt mich jeden Sonntagmorgen zu den Versammlungen seiner Gemeinde mit. Dort, in der Stille der Meditation, ist es mir möglich, die Perspektive ewiger Wahrheit zu finden, in der der äußerliche Erfolg auf eine unendliche Winzigkeit zusammenschrumpft. Was von uns gefordert wird, sind Opfer. Für unseren Erfolg müssen wir zahlen, aber für die Wahrheit werden uns Opfer abverlangt.

9. JULI

Das Problem mit dem Ehrgeiz ist, dass er nicht wirklich an die Liebe glaubt. Er glaubt an die Macht. Er gibt die klaren, singenden Wasser des Lebens für den Wein des Erfolges auf.

10. JULI

Die Zivilisation des Westens ist ein Vergrößerungsglas. Sie macht die allergewöhnlichsten Dinge ungeheuer groß. Die Gebäude, die Geschäfte, die Vergnügungen – alles sind Übertreibungen. Als ich hierher kam, wurde meine Mathematik ins Absurde aufgebläht. Sie weigert sich, in menschlichen Grenzen zu bleiben. Eine solche Bürde lastet schwer auf der Seele.

11. JULI

Meine Gaben sind zu bescheiden, als dass sie Deine Aufmerksamkeit beanspruchen könnten, und gerade deshalb wirst Du Dich ihrer vielleicht erinnern.

12. JULI

Aus unserer Mythologie sind uns die Geschichten bekannt, in denen ein Held an der Seite der Götter kämpft, um das Paradies von der Herrschaft der Riesen zu befreien. In unserer Geschichte hingegen können wir häufig beobachten, wie die Menschen sich mit den Riesen verbünden und versuchen, die Götter zu besiegen. Ihre ungeheuren Waffen mit ihrer Größe und Zerstörungskraft scheinen aus den Arsenalen der Riesen zu stammen. Im Kampf des Guten gegen schiere Größe hat der Mensch sich Letzterer angeschlossen, und er misst seinen Lohn an der Quantität, nicht an der Qualität – er zieht die Bleimünzen den Goldstücken vor.

13. JULI

Es gibt eine Vielzahl von Ideen, von denen wir nicht einmal wissen, dass sie für uns unzugänglich sind, einfach, weil wir uns zu sehr an sie gewöhnt haben. Dazu gehört auch unsere Vorstellung von Gott. Daher ist ein hohes Maß an spiritueller Empfindsamkeit notwendig, um unter der gefühllosen Oberfläche der Worte den Pulsschlag von Gottes Wirklichkeit zu spüren.

14. JULI

Menschen, die sich demonstrativ zu ihrer Religion bekennen, sind oft tatsächlich weniger religiös als solche, die Religion offen ablehnen. Priester und Geistliche haben es zu ihrem Beruf gemacht, pausenlos mit Gott Umgang zu pflegen. Sie können es sich nicht erlauben, abzuwarten, bis sie mit ihm in Berührung kommen. Sie wagen es nicht, das einzugestehen. Deshalb müssen sie ihren Geist dazu zwingen, die Haltung einer ständigen Gottes-Bewusstheit einzunehmen. Sie müssen sich selbst etwas vormachen, um die Erwartungen der anderen zu erfüllen, um das zu tun, was sie für ihre Pflicht halten.

15. JULI

Gott ehrte mich mit seinem Kampf, als ich rebellierte. Er ignorierte mich, als ich gleichgültig war.

16. JULI

Wenn wir nicht die Geduld aufbringen, auf die Augenblicke der Begegnung mit Gott zu warten, blockieren wir nur den Weg der Inspiration mit den Trümmern unserer bewussten Annäherungsversuche. Die es zu ihrem Beruf gemacht haben, Gott zu predigen, predigen Glaubensbekenntnisse. Sie verlieren das Gefühl, zwischen beidem unterscheiden zu können. Daher bringen ihre Religionen keinen Frieden in die Welt, sondern Konflikte.

17. JULI

In mir herrscht ein ständiger Konflikt zwischen dem Dichter und dem Prediger. Der eine ist auf Inspiration angewiesen, der andere auf bewusstes Bemühen. Die stete Anspannung des Bewusstseins führt zu einer Abstumpfung, die ich mehr als alles andere fürchte. Der Prediger handelt professionell mit bestimmten Ideen. Seine Kunden kommen zu jeder Tageszeit und stellen ihre Fragen. Die Antworten, die der Prediger wie am Fließband liefert, verlieren allmählich ihre Lebendigkeit, und der Glaube an seine Ideale läuft Gefahr, von der Leblosigkeit seiner Worte erstickt zu werden.

18. JULI

Das Wasser im Krug glitzert, das Wasser im Meer ist dunkel.

Die kleine Wahrheit kleidet sich in klare Worte, die große Wahrheit hüllt sich in tiefes Schweigen.

19. JULI

Für mich bedeutet Menschsein Fülle und Vielfalt. Daher schmerzt es mich sehr, wenn ich sehe, dass die menschliche Persönlichkeit um eines materiellen Vorteils willen verstümmelt und zu einer Maschine degradiert wird. Solch eine willkürliche Verarmung kommt mir wie ein Verbrechen vor. Sie ist eine Kultivierung von Gefühllosigkeit, was ein Sakrileg ist, denn es ist Gottes Absicht, den Menschen zu einer Vollkommenheit zu führen, die eine unendliche Vielfalt umfasst. Aber zu sehen, wie die Menschen aus Eigennutz den Geist verstümmeln, die Kultur verkümmern lassen und einen Puritanismus ausüben, der spirituelle Armut bedeutet, macht mich unendlich traurig.

20. JULI

Die Empfänglichkeit für das Ideal der Schönheit ist nicht nur eine Quelle der Stärke, sondern fördert auch den Sinn für Entsagung. Denn wahre Entsagung blüht nur auf dem fruchtbaren Boden der Schönheit und Freude, der unsere Seele mit Nahrung versorgt. Doch die negative Entwicklung, die diesen Boden auslaugt, bringt eine grausige Art von Entsagung hervor, die nihilistisch ist.

21. JULI

Wir brauchen eine größere Fülle des Lebens, denn Leblosigkeit führt in all ihren Formen zur Entstehung von Unreinheit, da sie den Verstand schwächt, unsere Sicht verengt und Fanatismus erzeugt, weil unsere Tatkraft in abnorme Bahnen gezwungen wird. Das Leben reinigt sich selbst, wenn sein Saft ungehindert bis in die feinsten Verästelungen vordringen kann.

22. JULI

Das so genannte Beständige wird auf Kosten von Lebendigkeit und Freiheit erkauft. Der Käfig ist beständig, nicht das Nest. Doch alles, was wahrhaft beständig ist, muss durch eine endlose Reihe von Unbeständigkeiten gehen. Die Frühlingsblumen sind beständig, weil sie zu sterben wissen. Der steinerne Tempel aber kann keinen Frieden mit dem Tod schließen, indem er ihn akzeptiert. Voller Stolz auf Stein und Mörtel widersetzt er sich ständig dem Tod, bis er am Ende doch besiegt wird.

23. JULI

Wir lassen uns von den Ergebnissen unserer Bemühungen täuschen, weil sie endgültig scheinen. Sie wecken Erwartungen und lassen uns weitermachen. Aber sie sind nicht endgültig. Sie sind wie Poststationen am Wegesrand, an denen wir unsere Pferde wechseln, um weiterzureisen. Mit Idealen verhält es sich anders. Ein Ideal trägt seinen Antrieb in sich selbst. Keine Etappe ist nur eine bloße Annäherung ans Ziel, sondern jede besitzt ihren eigenen Sinn und Zweck.

24. JULI

Ein Baum wächst langsam und natürlich in die Höhe, und nicht entlang von Schienen, die von Ingenieuren gebaut wurden. Wir, die wir Träumer sind, sollten niemals Kulis beschäftigen, die Schienenwege für soziale Dienste anlegen. Wir dürfen uns nur mit lebendigen Ideen beschäftigen und müssen dem Leben vertrauen. Sonst werden wir bestraft, nicht unbedingt mit dem Bankrott, sondern mit Erfolg – hinter dem sich der Mephistopheles der Weltlichkeit versteckt, der beim Anblick von Idealisten, die vom Triumphwagen der Wohlhabenden durch den Staub gezogen werden, in sich hineinlacht.

25. JULI

Ich habe keine Angst vor dem Scheitern. Ich habe Angst davor, beim Streben nach Erfolg vom Pfad der Wahrheit abzukommen.

26. JULI

Mein ganzes Leben lang habe ich unabhängig gearbeitet, denn mein Leben und meine Arbeit sind eins. Ich bin wie ein Baum, der sein Holz durch den natürlichen Lebensprozess hervorbringt und dafür Muße, Raum, Luft und Sonne benötigt, und nicht Steine, Mörtel, Maurer und Architekten.

27. JULI

In den Zeitungen war zu lesen, dass ich in Europa mit Begeisterung empfangen wurde. Ich bin den Menschen für die freundlichen Gefühle, die sie mir entgegenbringen, zweifellos dankbar. Aber tief in meinem Herzen hat es mich auch bestürzt und beinahe geschmerzt. Die Vorstellung, die sie sich von mir machen, hat eigentlich nichts mit mir zu tun. Ich habe erlebt, wie sich die Leute an mich gedrängt haben, um aus Verehrung den Saum meines Gewandes zu küssen. Es ist grauenvoll, in einer Welt leben zu müssen, die aus den Illusionen anderer Menschen besteht.

28. JULI

Kein Narr kann sagen, warum er närrisch ist. Ich träume oft von der Zeit meiner Jugend, als mich meine Launen in die Einsamkeit der Sandbänke des Flusses Padma führten. In der Gesellschaft von Wildgänsen wanderte ich unter dem Licht des Abendsterns. Das war gewiss kein normales Leben, aber es passte zu mir wie eine aus Träumen gefertigte Narrenkappe.

29. JULI

Ich habe mich oft gefragt, ob mein Weg wohl der richtige ist. Ich kam mit nichts anderem als einer Rohrflöte in diese Welt, und ihr einziger Wert bestand darin, ihr Musik zu entlocken. Ich verließ die Schule und vernachlässigte meine Arbeit, doch ich hatte ja meine Rohrflöte und spielte sie voller Muße und zum reinen Vergnügen. Aber jetzt wurde ich aus meiner Traumwelt herausgerissen. Ich habe meine Rohrflöte beiseite gelegt und bin augenblicklich gealtert. Nun trage ich die Bürde der Weisheit auf meinen Schultern und gehe damit hausieren. Oh, ich wünschte, ich fände meine Rohrflöte wieder und würde von den geschäftigen und weisen Leuten als hoffnungsloser Nichtsnutz mit Verachtung gestraft.

30. JULI

Ich habe einmal gesagt: »Gott schätzt mich, wenn ich arbeite, aber er liebt mich, wenn ich singe.« Wertschätzung ist eine Belohnung, sie kann an der Arbeit, die man leistet, gemessen werden. Liebe steht jedoch über jeder Belohnung, sie ist unermesslich.

31. JULI

Die entstellte Art von Askese schwelgt in der Verstümmelung des Lebens in all seinen Formen. Das einfache Waldleben der alten Brahmanen dagegen stand nicht im Widerspruch zum geselligen Leben der Menschen, sondern befand sich mit ihm im Einklang. Es glich unserer Laute, der Tambura, deren Aufgabe es ist, für die fortwährenden Grundtöne zu sorgen, um die Musik davor zu bewahren, in Dissonanzen abzugleiten. Dieses Leben im Wald glaubte an die Musik der Seele, und seine eigene Schlichtheit diente nicht dazu, diese Musik zum Schweigen zu bringen, sondern sie zu leiten.

Flussgöttin Ganga auf dem Reittier Makata

1. AUGUST

Das Alter ist klug, aber nicht weise. Weisheit ist die geistige Frische, die uns erkennen lässt, dass die Wahrheit nicht in Schubladen voller Grundsätze verwahrt wird, sondern frei und lebendig ist. Großes Leid führt uns zur Wahrheit, denn es ist die Geburtswehe, durch die unsere Seele aus ihrer zur Gewohnheit gewordenen Umgebung befreit wird und nackt in die Arme der Wirklichkeit fällt. Weisheit besitzt den Charakter eines Kindes, das durch Wissen und Gefühl Vollkommenheit erlangt hat.

2. AUGUST

Der Schmetterling zählt nicht die Monate, sondern die Augenblicke und hat dennoch Zeit genug. Er besitzt die Muße, den Lotos zu lieben, nicht die Biene, die emsig den Honig sammelt.

3. AUGUST

Die in den Kranz des Königs geflochtene Blume lächelt voll Bitterkeit, wenn die freie Blume auf der Wiese sie beneidet.

4. AUGUST

Ich sehne mich nach der Schlichtheit der Armut, die – genau wie die Schale bestimmter Früchte das Fruchtfleisch – den darunter liegenden ideellen Reichtum verbirgt und schützt.

form
5. AUGUST

Es gibt einen Idealismus, der bloß eine Form von ungeheuer überheblichem Egoismus ist. Das Vertrauen, das jemand in seine Ideen setzt, entspringt dann nicht einer aufrichtigen Liebe zur Wahrheit, sondern einem blinden Eifer des Ego. Dieser Idealismus ist bereit, anderen Freiheit zu nehmen, um Freiheit für die eigenen Ideen zu erhalten. Manchmal überkommt mich die Furcht, dass ein solch tyrannischer Idealismus von meinem Geist Besitz ergreifen könnte. Denn das würde bedeuten, dass mein Glauben an die Wahrheit schwächer als der Glauben an mich selbst geworden ist.

6. AUGUST

Als Beispiel unterschiedlicher Ideale zu verschiedenen Zeiten kommt mir mein letzter Besuch in Benares in den Sinn. Dort hat mich der mütterliche Ruf des Ganges beeindruckt, der die ganze Atmosphäre mit einer »ungehörten Melodie« erfüllt, die die Bevölkerung an jedem Tag und zu jeder Stunde an seine Ufer lockt. Es erfüllt mich mit Stolz, dass ganz Indien eine tiefe Liebe für diesen Fluss empfindet, der an seinen Gestaden seine Zivilisation hervorgebracht und sie durch die Zeiten vom Himalaja bis ans Meer begleitet hat. Dieses Gefühl der Liebe unterscheidet sich in hohem Maße von dem modernen Gefühl des Patriotismus. Es ist nicht mit einer eng begrenzten Geographie oder einer beschränkten Folge politischer Ereignisse verknüpft.

7. AUGUST

In Indien gelten alle Orte, an denen die Natur sich besonders schön und prachtvoll zeigt, als heilig und als Pilgerstätten. Hier ist der Mensch frei, die Natur nicht bloß als Quelle zur Befriedigung seiner Bedürfnisse zu betrachten, sondern seine Seele jenseits seiner selbst zu erkennen. Der Himalaja ist heilig, und Indiens majestätische Ströme sind heilig. Indien hat die großartige Natur mit seiner Liebe und Anbetung erfüllt – die Natur, deren Wasser es reinigt und deren Nahrung ihm Leben schenkt. Das Mysterium der Natur sendet in Form von Melodien, Düften und Farben stete Botschaften des Unendlichen aus, die unsere Seelen erreichen. Indien hat sich die Welt durch Anbetung und Verehrung zu Eigen gemacht.

8. AUGUST

Das Lernen ist nicht allein von der Schule abhängig.
Noch viel wichtiger ist der empfängliche Geist des Schü-
lers. Es gibt viele Gelehrte, die Diplome erwerben, aber
nichts lernen. Genauso suchen viele von uns Pilgerstätten auf, verlassen gleichzeitig jedoch die Schwelle des
unsichtbaren Schreins, wo der ewige Geist des Ortes
wohnt. Sie glauben, dass die bloße Reise an einen Ort,
der für heilig gehalten wird, Segen bringt. Ihr Geist
schreckt nicht vor der unsäglichen Verschmutzung von
Wasser und Luft an diesen Orten zurück, zu der sie
selbst beitragen, und auch nicht vor dem moralischen
Unrat, der sich dort breit zu machen pflegt. Wir scheinen vergessen zu haben, dass alle Anbetung auch die
Pflicht des Dienens beinhaltet. Um sich der göttlichen
Gegenwart in Wasser und Luft wirklich nähern zu können, müssen wir sie voller Ehrerbietung sauber und rein
halten. Je mehr unser Land seine seelischen Kräfte verliert, desto ausgefeilter werden seine äußerlichen Riten.

9. AUGUST

Wer Gutes tut, gelangt zum Eingang des Tempels, wer liebt, gelangt ins Allerheiligste.

10. AUGUST

Konstruktionen dienen einem Zweck, einer Absicht, sie verleihen unseren Bedürfnissen Ausdruck. Eine Schöpfung aber steht für sich selbst, sie verleiht unserem Sein Ausdruck. Wir fertigen ein Gefäß an, weil wir Wasser transportieren müssen. Es hat die Frage »Warum?« zu beantworten. Aber wenn wir große Mühen auf uns nehmen, um dem Gefäß eine schöne Form zu verleihen, bedarf es keiner Begründungen. Wenn in unserem Leben die Bedürfnisse zu beherrschend werden, die Zweckmäßigkeit zu aufdringlich wird, wenn nicht mehr unser ganzheitliches Menschsein zum Ausdruck gelangt, dann bleiben unsere Werke hässlich und uninspiriert.

11. AUGUST

In der Liebe und in der Güte offenbart sich der Mensch selbst. Sie geben keinem inneren Bedürfnis Ausdruck, sondern zeigen die Fülle des Lebens, die aus ihm fließt und die rein schöpferisch ist. Liebe und Güte sind endgültig – daher dienen sie uns bei der Beurteilung einer menschlichen Zivilisation als das wahre Kriterium der Vollkommenheit.

12. AUGUST

Liebe ist ein ewiges Mysterium, denn sie bietet zu ihrer Erklärung nichts außer sich selbst.

13. AUGUST

Wenn es der Menschheit am inneren Rhythmus der Seele mangelt, dann wird die Gesellschaft zu einer rein mechanischen Anordnung von einzelnen Teilen, von sozialen und politischen Gruppierungen. Solch eine Maschine ist eine bloße Nachäffung der Schöpfung, und da ihr im Herzen die Einheit fehlt, erzwingt sie sie in ihren äußeren Strukturen. Empfindsames und wachsendes Leben wird darin verstümmelt. Entweder stumpft es ab, oder es bricht sich in immer wiederkehrenden gewaltsamen Eruptionen Bahn.

14. AUGUST

Die angestammte Aufgabe der Wissenschaft besteht darin, die Welt als ein Konstrukt zu analysieren, so wie der Grammatiker die Syntax eines Gedichts analysiert. Aber die Welt als Schöpfung ist kein Konstrukt, sie besteht aus mehr als ihrer Syntax. Sie ist ein Gedicht – was wir leicht vergessen, wenn unser Verstand seine Aufmerksamkeit allein auf ihre Grammatik richtet.

15. AUGUST

Die Zurschaustellung von Macht wirkt in jeglicher Kunst vulgär. Der wahre Künstler ist in seinen Schöpfungen bescheiden. Er lehnt es ab, in seinen Werken den Wert des Materials und die Schwierigkeiten der Arbeit in den Vordergrund zu stellen. Denn die Macht, die Dinge anhäuft und manipuliert, unterscheidet sich grundlegend von der Macht, die Dinge in die Vollkommenheit einer schöpferischen Einheit umwandelt.

16. AUGUST

Es ist das letztendliche Ziel des Menschen, durch schöpferische Kraft seine Wesensgleichheit mit Gott zu beweisen. Was immer er allein aus Gehorsam den Naturgesetzen gegenüber tut, getrieben von Hunger oder anderen Zwängen, von dem spürt er im Herzen, dass es seiner eigentlichen Natur fremd ist. Er empfindet beinahe Scham darüber und versucht, diese Dinge mit etwas, das von seinem schöpferischen Geist erschaffen wurde, zu verdecken. So unterscheidet sich der Mensch in der Notwendigkeit, Nahrung aufzunehmen, nicht von anderen Geschöpfen. Doch er scheint nicht willens, sich dies einzugestehen. Bei seinen Mahlzeiten versucht er, das Element des Hungers so weit zu tilgen, bis es fast nicht mehr zu erkennen ist. Er verwendet viel Mühe auf die aufwendige Ausschmückung der Speisen und auch der Gefäße, in denen sie serviert werden. Und so erhebt er durch selbst entworfene Etikette und Formgebung den Anspruch, nicht bloß damit beschäftigt zu sein, ein legitimes physisches Bedürfnis zu befriedigen.

17. AUGUST

Lakshmi, die indische Göttin des Reichtums, ist nicht die Göttin eines gut gefüllten Bankkontos, sondern das Symbol jener Fülle, die niemals von Güte und Schönheit getrennt werden kann. Aber in den letzten Jahrzehnten hat sich unser Verhältnis zum Reichtum einem verheerenden Wandel unterzogen. Wir laufen dem Geld nicht nur hinterher, sondern knien sogar vor ihm nieder. Sein Ruf ist für uns die lauteste aller Stimmen geworden, die sogar bis in unsere heiligen Bezirke vordringt. Es ist keine Frage, dass Geld in unserer Gesellschaft eine wichtige Funktion erfüllt, aber es ist ein Frevel, wenn es uns korrumpiert, unsere Moral untergräbt und die besten Kräfte auf seine Seite zieht, indem es die menschlichen Ideale verrät und mit Hilfe von Pomp und Gepränge seine Nichtigkeit kaschiert.

18. AUGUST

Die verdeckte Wirkung, die das Geld unablässig auf unseren Geist ausübt, ist für die Gesellschaft zu einer Quelle großen Unheils geworden. Geld macht Meinungen, es navigiert Zeitungen durch die verschlungenen Kanäle der Wahrheitsunterdrückung und Übertreibung, in der Politik zieht es die Strippen und betreibt im Verborgenen in unterschiedlichster Gestalt alle möglichen Arten von Sklaverei. In früheren Zeiten haben die intellektuellen und spirituellen Kräfte dieser Erde sich die Würde der Unabhängigkeit bewahrt, aber heute hat die Macht des Geldes – wie im Endstadium einer Krankheit – unsere Gehirne und Herzen infiziert. Das ist der Grund dafür, dass zum ersten Mal in der Geschichte unsere besten Instinkte und Bestrebungen so offen als sentimentale Schwächen verspottet werden.

19. AUGUST

Nützlichkeit sollte niemals die untergeordnete Stellung vergessen, die sie in den menschlichen Angelegenheiten einnimmt. Es darf nicht zugelassen werden, dass sie in der Gesellschaft mehr Macht beansprucht, als ihr zusteht. Sie darf nicht die Freiheit besitzen, die Poesie des Lebens zu entweihen oder unsere Empfänglichkeit für Ideale abzutöten, unsere Grobheit als Zeichen von Stärke zu preisen und unsere Spiritualität zu verspotten. Nützlichkeit muss ihre Grenzen haben und den ganzen Wert des Menschen anerkennen, der Muße und Raum für Freude und Meditation braucht. Wenn dieses Zugeständnis an das Menschsein verweigert oder beschnitten wird, wenn Profitstreben und Produktion außer Kontrolle geraten, zerstört das unseren Sinn für Schönheit, Wahrheit und Gerechtigkeit und die Liebe zu unseren Mitmenschen.

20. AUGUST

Wir haben die Büros für unsere Geschäfte mit Bedacht aus unseren Wohnungen ausgelagert. Weil sie die Einheit der Idee, die unser »Heim« ausmacht, stören, ziehen wir eine Trennlinie zwischen den Dienstleistungen, die wir mit Geld erkaufen, und der Hilfe, die von Freunden und Verwandten gewährt wird, zwischen Handel und Solidarität. Aber unsere Heime weichen zunehmend den Büros, weil der Handel überhand nimmt. In der modernen Gesellschaft ist alles zum Büro geworden, aus dem unsere Wohnungen ausgelagert wurden.

21. AUGUST

Ich möchte keineswegs behaupten, dass die Menschen in irgendeiner Epoche von den Störungen ihrer niederen Instinkte frei gewesen wären. Selbstsucht und Eigennutz hatten schon immer Anteil an Herrschaft und Handel. Doch gab es auch ein Bestreben, das Gleichgewicht zwischen den verschiedenen Kräften der Gesellschaft aufrechtzuerhalten. Unsere Begierden mit ihrer rohen Kraft hegten keine Illusionen über ihren wahren Rang und Wert, und sie ersannen keine raffinierten Schachzüge, um unser moralisches Empfinden matt zu setzen. Denn in jenen Tagen war unser Verstand noch nicht so geneigt, sein Gewicht zugunsten der Gier in die Waagschale zu werfen.

22. AUGUST

Seit dem Menschen das Geheimnis der Naturkräfte offenbart wurde, sind sein Reichtum und seine Macht so unermesslich groß geworden, dass der Barbar in ihm in Ehrfurcht davor niederkniet. Die Leute träumen von millionenfachem Reichtum und der Macht großer Imperien. Das Streben nach Quantität besiegt jeden Tag das Streben nach Wahrheit und Vollkommenheit. Die Götzenanbetung der physischen Größe hat den Altar der geistigen Größe erobert.

23. AUGUST

Es ist das unverhältnismäßig starke Wachstum des Leblosen, dessen Masse und Gewicht in der modernen Gesellschaft das Leben überschattet und erdrückt. Von Tag zu Tag gewöhnen wir uns mehr an den Missklang, den die Reibung zwischen Mensch und seiner gesellschaftlichen Ordnung, zwischen Mittel und Zweck erzeugt. Damit geben wir der unausgewogenen Größe immer mehr Gelegenheit, das Ideal der Ausgewogenheit der Dinge und der Ausgeglichenheit des Geistes zu zerstören.

24. AUGUST

Das Leben besitzt seinen ganz eigenen Rhythmus, mit dem die Umgebung, die es sich schafft, in Einklang stehen sollte. Andernfalls wird das Ganze zu einem Gesang, dessen Begleitung auf einmal Tonhöhe und Takt wechselt. Dann findet der Mensch, der Erfüllung sucht, anstelle von Musik nur Lärm, und Geltungssucht lässt den kreativen Ausdruck der Persönlichkeit verstummen.

25. AUGUST

Der ständige Wettlauf mit der Maschine, die einem anderen Rhythmus und Zeitmaß folgt, verletzt und erniedrigt das Leben selbst. Unsere Sinne benötigen eine gewisse Zeitspanne, um sinnvoll arbeiten zu können. Wenn wir nur hastig hinschauen, sehen wir nichts, und wenn wir unserem Verstand nicht ausreichend Zeit lassen, über unsere Betrachtungen und Probleme nachzusinnen, kann er keine klaren Gedanken hervorbringen. Doch die Räder unserer modernen Gesellschaftsordnung wirbeln uns durch Raum und Zeit, und die Ergebnisse können nur den Buchhalter in uns zufrieden stellen, der sein Herz an Zahlen und Quantitäten hängt.

26. AUGUST

Vor kurzem las ich in der Zeitung einen Bericht über eine Vogeljagd, an der eine Gruppe aus der besseren Gesellschaft teilgenommen hatte. Die Zahl ihrer unschuldigen Opfer ging in die Tausende. Das Blut floss in Strömen, aber ich bin mir sicher, dass die Wangen dieser vornehmen Leute, die auf ihren entsetzlichen Erfolg stolz waren, kein bisschen erröteten. Sie nennen es das Aufstellen eines Rekordes, die seltsamste und oberflächlichste aller Befriedigungen für ein vernunftbegabtes Wesen, bei der einer bedeutungslosen Quantität die Ehre erwiesen wird. Es ist bekannt, mit welch erstaunlicher Andacht diese Erbsenzähler ihre Statistiken führen und dass sie selbst noch mit Bruchteilen von Millimetern und Sekunden rechnen. Diese Verflachung des Geistes nährt Grausamkeiten und Betrug.

27. AUGUST

Nach vielen Jahren unternahm ich wieder einmal eine Bootsfahrt auf dem Ganges, entlang den Ufern, die mir in der Kindheit so vertraut und teuer gewesen waren. Die außergewöhnliche Schönheit dieser Gegend wurde über Jahrhunderte von Liebenden und Gottsuchern zutiefst verehrt. Aber jetzt war sie von stählernen, rußenden Industrieanlagen entweiht und getötet worden. Der Gedanke, dass zukünftige Generationen die heilige Schönheit dieses Ortes nie erfahren werden, war herzzerreißend. Wie schmerzlich dieser Frevel auch für alle sein mag, die diesen majestätischen Strom lieben, er ist dennoch eher nebensächlich. Das eigentlich Entsetzliche liegt in der Abstumpfung des Geistes, die zu dieser Tat geführt hat. Mitten im Tempel des Lebendigen wurde einem stählernen Monster ein Altar errichtet.

28. AUGUST

Dinge, die für eine Gesellschaft lebenswichtig sind, dürfen nicht so kompliziert werden, dass Menschen mit durchschnittlicher Auffassungsgabe sie nicht verstehen können. Denn das schafft eine tiefe Kluft zwischen den Bedürfnissen des Lebens und den Mitteln, mit denen sie gestillt werden. Und in dieser klaffenden Lücke nisten sich alle Arten von Unheil ein. Die enormen Dimensionen und der technische Charakter unserer heutigen Gesetzestexte beweisen, welch eine aufwendige und ausgefeilte Maschinerie, die bei jeder Drehung der Hilfe von Experten bedarf, notwendig ist, um die schwerfällige moderne Leblosigkeit am Laufen zu halten.

29. AUGUST

Als Kind erlebte ich in Gestalt der Mutter eines indischen Haushalts eine Form von Einfachheit, die eine Manifestation des Komplexen in Vollendung war. Nach traditioneller Sitte lebte eine große Zahl Männer und Frauen einer Großfamilie unter einem Dach. Wie in einem Sonnensystem gab es verschiedene planetarische Umlaufbahnen. Einige verliefen dicht ums Zentrum, andere in größerer Entfernung. Dazu gehörten auch zahllose Verwandte, die woanders wohnten, aber gleichsam als Kometen ebenfalls Bürgerrecht im Familienuniversum besaßen. Im Herzen des Ganzen regierte mit anmutiger Würde die Herrin dieses Universums. Ihre Pflichten und Aufgaben waren vielfältig und schwierig, der Verhaltenskodex war umfangreich und verschlungen. Aber sie trug alles mit majestätischer Einfachheit, wie die Sonne, die von den Planeten mit ihren Monden umkreist wird. Es war keine mechanische Ansammlung von Einzelteilen, sondern eine organische Verbindung, in der alle Elemente ihre trennenden Grenzen verlieren.

30. AUGUST

Wenn eine Gesellschaft lebendig ist, werden moralische Werte zu ihren höchsten Werten. Unter idealen Bedingungen wird den besten Menschen, die über eine große spirituelle Begabung verfügen, die Huldigung ihrer Mitmenschen zuteil. Eine solche Huldigung ist für jene, die sie darbringen, nie herabwürdigend. Im Gegenteil, indem sie das Beste im Menschen anerkennen, haben sie daran teil. Aber heute gibt es Heerscharen von freiwilligen Sklaven, die ihr Leben für Unwürdige hingeben, für Profitmacher, die ihre Falschheit unter einer maßgeschneiderten weißen Weste verbergen. Die Masse glaubt inzwischen, dies sei ein Zeichen von Zivilisation.

31. AUGUST

Es gibt auch bei uns im Osten viele, die sklavisch dem Aberglauben verfallen sind, den man heutzutage »Fortschritt« nennt. Sie sind nur allzu bereit, sich vor den Karren der Ausbeuter spannen zu lassen, und glauben, ihre Mühen würden irgendwann paradiesisch belohnt. Weil ich so etwas sage, verdächtigt man mich, ein Reaktionär zu sein, einer jener fanatischen Konservativen, die sich noch immer nach ihrer alten Uhr richten, die schon vor Jahrzehnten stehen geblieben ist. Aber wer mich kennt, weiß, dass ich stets gegen das blinde Befolgen sinnloser und toter Traditionen gekämpft habe. Ich glaube nur dann an das Leben, wenn es Fortschritte macht und sich entwickelt, und an den Fortschritt nur dann, wenn er mit dem Leben in Einklang steht.

Santhana-Lakshmi

1. SEPTEMBER

Mit fünfundzwanzig lebte ich in Bengalen in völliger Abgeschiedenheit auf einem Hausboot auf dem Ganges. Die Wildgänse, die im Herbst von den Seen im Himalaja herabkamen, waren meine einzigen Gefährten. Ich verbrachte die Tage damit, zu träumen und meinen Gedanken in Gedichten und Essays Gestalt zu geben, die ich an Zeitschriften in Kalkutta schickte. Dann kam der Tag, an dem ich nicht länger nur über die Probleme der Welt meditieren, sondern meine Ideen in die Tat umsetzen wollte. Ich wählte dafür die Aufgabe, Kinder zu unterrichten. Nicht weil ich dazu besonders ausgebildet gewesen wäre, ich hatte nicht einmal selbst die Schule zu Ende gebracht, aber wie zur Natur empfand ich auch zu Kindern eine natürliche Liebe. Ich hatte als Junge gelitten, als ich durch die Bildungsmaschinerie gedreht wurde, die Lebensfreude und Freiheit austreibt, nach denen sich Kinder so sehr sehnen. Mein Ziel war es, den Kindern Freude und Freiheit zu vermitteln.

2. SEPTEMBER

Die Leute besitzen nicht viel Vertrauen zu einem Dichter, und sie zweifelten zu Recht daran, dass ich meine Schüler nach der üblichen Methode unterrichten würde. Ich sammelte einige Kinder um mich und war ihr Gefährte. Ich rezitierte aus unseren alten Epen und sang mit ihnen. Ich komponierte Lieder, verfasste Singspiele und Theaterstücke, und sie nahmen an den Aufführungen teil. Das war der Beginn meiner Schule.

3. SEPTEMBER

Meine Schulzeit war eine fürchterliche Erfahrung. Damals war ich nicht in der Lage, zu erkennen, worunter ich so sehr litt. Ich liebte das Lebendige, die Natur und die Gesellschaft meiner Freunde. Aus allem, zu dem ich eine tiefe seelische Beziehung besaß, herausgerissen und ins Exil geschickt zu werden, in ein Klassenzimmer mit sterilen weißen Wänden, erschütterte mich jeden Tag aufs Neue. Ich fühlte mich in der Schule fehl am Platz. In einer so trostlosen Umgebung ist es einem Kind nicht möglich, zu lernen. Mein Geist weigerte sich, auch nur irgendetwas, das von meinem Lehrer kam, zu akzeptieren.

4. SEPTEMBER

Als ich zwölf war, wurde ich genötigt, Englisch zu lernen. Abends kam ein Englischlehrer, und ich wurde an den ungeliebten Schreibtisch ins Studierzimmer geschleppt, zu einem langweiligen Lehrbuch voller Vokabeln. Diesem Lehrer werde ich nie vergeben! Er war so unbarmherzig gewissenhaft. Er bestand darauf, jeden Abend zu kommen, in seiner Familie schien es weder Krankheit noch Tod zu geben. Zudem war er übertrieben pünktlich. Die Faszination des Grauens zog mich jeden Abend auf die Veranda, und immer zur gleichen Zeit erschien sein Unheil verkündender Schirm – schlechtes Wetter konnte ihn nicht abhalten – am Ende unserer Straße. Im Gedenken an meine Jugend, an die Lehrer und die tristen Klassenzimmer gründete ich meine Schule an einem schönen Ort, weit außerhalb der Stadt, wo die Kinder im Schatten alter Bäume größtmögliche Freiheit besaßen.

5. SEPTEMBER

Als ich dreizehn war, verließ ich die Schule, und trotz allem Druck, der von meiner Familie ausgeübt wurde, ging ich nicht wieder hin. Alles, was ich gelernt habe, habe ich außerhalb des Klassenzimmers gelernt. Ich halte es für eine glückliche Fügung in meinem Leben, den Schulmeistern entkommen zu sein, als ich noch jung war. Ich bin mir sicher, wann immer ich später Begabung oder Originalität gezeigt habe, war es dem Umstand geschuldet, dass ich nicht in irgendeinem Erziehungssystem gedrillt worden bin.

6. SEPTEMBER

Als ich meine Schule gegründet hatte, besaß ich das Glück, fast alle bösen Buben aus der Nachbarschaft und auch aus anderen Landesteilen als Schüler zu bekommen. Die Eltern waren es nicht gewohnt, ihre Kinder in ein Internat zu geben, daher schickten sie nur die schwierigsten Jungen zu mir. So bekam ich also eine interessante Ansammlung solcher Kinder, gegen die in Sonntagsschulbüchern am heftigsten zu Felde gezogen wird. Wer waren diese bösen Buben? Es waren Jungen, die mit der Gabe einer besonderen Aufgewecktheit gesegnet waren, die sich auch durch die geballte Kraft der Disziplin, die in der ehrbaren Gesellschaft herrscht, nicht in absolute Passivität verwandeln ließ.

7. SEPTEMBER

In meiner Schule hatte ich manchmal sehr mit den Lehrern zu kämpfen, und nicht mit den Schülern, wie es so oft in anderen Schulen der Fall ist. Ich musste mich auf die Seite der Jungen schlagen, wenn sie für einen Fehler bestraft wurden, den nicht sie, sondern ihre Lehrer begangen hatten. Ich kann mich erinnern, wie einmal ein Lehrer sehr wütend zu mir kam, weil ein paar der Jungen auf einen Baum geklettert waren, um dort ihre Lektionen zu lernen. Er hielt das für eine grobe Disziplinlosigkeit. Ich musste sie in Schutz nehmen. Ich erklärte ihm, dass die Jungen, wenn sie erst einmal in seinem Alter seien, nicht mehr die Freiheit besäßen, auf Bäume zu klettern. Dann würden sie dafür zu respektabel geworden sein und sich von Mutter Natur fern halten.

8. SEPTEMBER

Ich habe versucht, mein Bestes zu tun, um in den Kindern meiner Schule ein Gespür für die Natur zu entwickeln und seelische Empfindsamkeit im Umgang mit ihren Mitmenschen. Dabei halfen mir die Literatur, festliche Zeremonien und auch religiöse Betrachtungen, die uns veranlassen, dem Wesen der Welt durch die Seele näher zu kommen und sie sich dadurch zu Eigen zu machen – so wie man sich ein Instrument zu Eigen macht, indem man ihm eine Melodie entlockt.

9. SEPTEMBER

Gott ist Schöpfer, und als Seine Kinder müssen wir ebenfalls Schöpfer sein. Wir vergessen den Wert, den diese individuelle schöpferische Kraft besitzt, denn wir sind im Geiste von den künstlichen Werten besessen, die in der Gesellschaft vorherrschen, weil die anderen Leute eine bestimmte Art von Leben für richtig halten und wertschätzen. Wir zwingen uns selbst, diesem Druck nachzugeben, und töten die kostbarste Gabe, die Gott uns verliehen hat, die Gabe der schöpferischen Kraft, die Seiner eigenen Natur entspringt.

10. SEPTEMBER

Der Grund dafür, dass wir unsere Schule in Shanti-niketan so sehr lieben, ist der Idealismus, den wir bei ihrer Entstehung gespürt haben. Sie wurde nicht mit Geld gegründet, sondern mit unserem Leben und unserer Liebe. So brauchten wir keine Ergebnisse zu erzwingen, unsere Arbeit selbst war unsere Erfüllung – das Leben, das sich dadurch entwickelte, und die Opfer, die wir täglich für die Sache erbrachten. Ich erkenne deutlicher als je zuvor, wie kostbar und wie schön die Schlichtheit unseres Ashram ist, der vor dem Hintergrund materieller Armut umso heller erstrahlt.

11. SEPTEMBER

Ich hatte die Vorstellung, dass Bildung Teil des Lebens selbst sein sollte und nicht irgendetwas Abstraktes sein darf. Die Schüler wussten, wenn ich damit beschäftigt war, ein Schauspiel zu verfassen, und sie verfolgten mit großem Interesse, wie es sich entwickelte. Bei den Proben lasen sie mehr, als sich in einem normalen Unterricht an Lektüre unterbringen ließe. Das war meine Methode, denn die Art der Kinder war mir vertraut. Ihr Unterbewusstes ist aktiver als ihr Bewusstsein, daher ist es wichtig, sie mit allen möglichen Aktivitäten zu umgeben, die ihren Verstand stimulieren und allmählich ihr Interesse wecken. Es gab bei uns Musikabende – keinen bloßen Musikunterricht –, und die Jungen, die anfangs keine große Begeisterung für Musik aufbrachten, lauschten erst aus Neugier vor der Tür, bis sie dann hereinkamen und Spaß am Musizieren fanden.

12. SEPTEMBER

In den Dörfern, die in der Nachbarschaft der Schule lagen, herrschten zum Teil schlechte Lebensbedingungen. Die Bewohner brauchten Hilfe, und wir gründeten eine Art Abendschule, an der unsere Schüler unterrichteten. Sie versuchten auch, den Bauern mit der Vermittlung neuer Anbaumethoden und bei der Bekämpfung von Krankheiten zu helfen. Derart die Gesamtheit des Lebens kennen zu lernen und nicht bloß die akademische Seite, darin besteht für mich der Sinn von Bildung.

13. SEPTEMBER

Die Energie und Freude der Kinder, ihr Geplapper und ihr Gesang erfüllten unsere Schule mit einem Geist der Wonne, den ich jeden Tag genoss. Abends, wenn die Sonne unterging, saß ich oft allein und betrachtete die Bäume der schattigen Allee. In der Stille konnte ich aus der Ferne ganz deutlich die Stimmen der Kinder hören, und es schien mir, als wären ihre Rufe und Lieder wie die Bäume, die wie ein reiner Quell des Lebens aus dem Herzen der Erde kamen und in die Unendlichkeit des Himmels strebten.

14. SEPTEMBER

Ich habe mich stets bemüht, Lehrer von außerhalb Indiens einzuladen, aus Europa und Ostasien, um an unserer Schule zu unterrichten und das einfache Leben der Schüler zu teilen. Das trägt zur Schaffung einer positiven Atmosphäre bei. Die Kinder lernen einen ganz natürlichen Umgang mit unseren ausländischen Gästen und Besuchern. Ich denke, dass die geistige Freiheit in allen Bereichen entwickelt werden muss, und bin mir sicher, dass unsere Schüler durch diese frühe Gewöhnung frei von nationalen und religiösen Engstirnigkeiten sind.

15. SEPTEMBER

Mit unserem Bildungsideal streben wir auch die Freiheit von allen nationalen und rassistischen Vorurteilen an. Das natürliche Wohlwollen von Kindern wird oft vorsätzlich eingeengt und beschnitten. Dadurch verlieren sie die Fähigkeit, Fremde mit anderer Kultur und Sprache zu verstehen. Wir legen den Kindern die schlimmsten Fesseln an, wenn wir sie der Freiheit eines mitfühlenden Herzens berauben.

16. SEPTEMBER

Gemäß der alten Tradition unseres Landes liegt es in der Verantwortung des Lehrers, denen sein Wissen weiterzugeben, die ihn darum bitten. Die Schüler erhielten im Haus des Lehrers freien Unterricht und Unterkunft. Die Lehrer erkannten ihre Verantwortung an: Sie selbst hatten das Privileg erhalten, unterrichtet zu werden, so schulden sie es der Gesellschaft, ihrerseits Schüler auszubilden, ohne etwas dafür zu verlangen.

17. SEPTEMBER

Die ersten Jahre waren das goldene Zeitalter unserer Schule. Als die Zahl der Schüler wuchs, wurde es für mich immer schwieriger, die Schule auf meine Art weiterzuführen. Nach alter indischer Tradition waren Unterricht, Unterkunft und Verpflegung für alle frei. Ich bestritt sämtliche Kosten mit meinen bescheidenen Mitteln. Aber unter den heutigen Lebensbedingungen war es nicht möglich, so weiterzumachen. Ich benötigte zusätzliche Lehrer, die entlohnt werden mussten, und auch die anderen Kosten schienen täglich zu steigen. Nach meiner Idealvorstellung war es die Pflicht des Lehrers, den Schülern zu geben. Eine Schule sollte kein Geschäft sein, in dem man Bildung für Geld erwirbt. Aber ich war gezwungen, dieses Ideal aufzugeben, und allmählich wurde unsere Einrichtung zu einer fast normalen Schule.

18. SEPTEMBER

Ich tat mein Bestes, einige Dinge beizubehalten, die es in den gewöhnlichen Schulen nicht gab. So nahmen die Lehrer am Gemeinschaftsleben teil, organisierten Feste und Sportveranstaltungen gemeinsam mit den Schülern. Die Schule war kein Käfig, in dem die Schüler von außen gefüttert wurden, sondern ein Nest, das sich die Schüler selbst bauten, mit ihrem Leben, ihrer Liebe, ihrer täglichen Arbeit und ihrem Spiel. Eine Schwierigkeit bestand darin, dass die neuen Kollegen, mit denen ich zusammenarbeitete, in ihrer Jugend nie die Gelegenheit gehabt hatten, so wie ich den Schulschwänzer zu spielen. Sie besaßen ihre eigenen Vorstellungen von Bildung und konnten sich nur schwer davon freimachen. Und so gelangte durch jene, die mir halfen, etwas in unsere Schule, das unseren ursprünglichen Idealen fremd war.

19. SEPTEMBER

Ich wünschte, ich könnte sagen, dass ich mit der Gründung meiner Schule meinen Traum verwirklicht hätte. Aber das war nur ein erster Schritt. Ich habe den Kindern die Möglichkeit gegeben, ihre Freiheit in der Natur zu finden, indem sie sie lieben lernen. Denn Liebe ist Freiheit. Sie erschließt uns die Fülle des Daseins, die uns davor bewahrt, mit unserer Seele für Dinge zu zahlen, die ungeheuer billig sind. Die Liebe erleuchtet unsere Welt mit ihrem Sinn.

20. SEPTEMBER

Wer Gutes tun möchte, klopft an die Tür, wer liebt, findet die Tür offen.

21. SEPTEMBER

Als ich noch am Ufer der Padma hauste, war ich bloß ein einfacher Dichter. Seit ich mich in Shantiniketan niedergelassen und die Schule gegründet habe, zeige ich alle Symptome eines richtigen Schulmeisters, und es besteht die Gefahr, dass ich noch als veritabler Prophet enden werde! Schon fragen mich alle nach »Botschaften«, und bald kommt der Tag, an dem ich sie enttäuschen werde. Denn wenn Propheten ihre Mission wider Erwarten tatsächlich erfüllen, steinigt man sie zu Tode. Und wenn die, die die Menschen gerne als Propheten sähen, ihre Rolle nicht zu Ende spielen, jagt man sie unter Gelächter davon. Wer befreit einen armen Dichter aus dieser Klemme? Kann mir irgendjemand meine Nichtsnutzigkeit zurückgeben? Noch erreicht mich der Ruf der Padma: »Dichter, wo bist du?«

22. SEPTEMBER

Erinnerung, diese Priesterin, tötet die Gegenwart und bringt ihr Herz auf dem Altar der toten Vergangenheit dar.

23. SEPTEMBER

So wie der Tag aus Morgen, Mittag, Nachmittag und Abend besteht, hat das alte Indien das Leben des Menschen in vier Abschnitte eingeteilt, die seinem jeweiligen Zustand entsprechen: *brahmacarya*, die Zeit des Lernens, *garhasthya*, die Zeit der Arbeit, *vanaprasthya*, die Zeit des Sichzurückziehens und Loslassens, und schließlich *pravrajya*, das erwartungsvolle Warten auf die Befreiung durch den Tod. Unsere körperlichen und geistigen Kräfte kommen und schwinden wie das Licht des Tages, und indem unsere Vorfahren das anerkannt haben, gaben sie dem Leben vom Anfang bis zum Ende einen Sinn.

24. SEPTEMBER

Heutzutage fassen wir Leben und Tod als Gegensätze auf. Der Tod ist ein eindringender Feind, nicht das natürliche Ende, und daher bekämpfen wir ihn in jeder Phase unseres Lebens. Wenn die Zeit der Jugend zu Ende geht, wollen wir sie mit Gewalt festhalten. Wenn das Feuer unserer Leidenschaften nachlässt, wollen wir es mit künstlichen Mitteln neu entfachen. Wenn unsere Sinne schwächer werden, wollen wir sie weiter in unsere Dienste zwingen. Und selbst wenn sich unser fester Griff lockert, lassen wir unseren Besitz nur widerwillig los. Wir würden am liebsten nur Morgen und Mittag unseres Lebens akzeptieren und den Rest ignorieren. Und wenn uns die hereinbrechende Dämmerung dazu zwingt, auch Abend und Nacht anzuerkennen, sind wir nicht in der Lage, sie als unvermeidlich und natürlich anzunehmen. Die Wahrheit kommt nur deshalb als Eroberer, weil wir die Kunst verlernt haben, sie als Gast zu empfangen.

25. SEPTEMBER

Vom Einzelnen zur Gemeinschaft, von der Gemeinschaft zum Universum und vom Universum zur Unendlichkeit – das ist der Weg der Seele. Das Ziel dieses Weges im Auge, verordneten unsere Weisen für den ersten Lebensabschnitt der Bildung nicht allein das Studium der Schriften, sondern *brahmacarya*, ein Leben in spiritueller Disziplin, durch das dem so gestärkten Charakter sowohl Freude als auch Entsagung gleichermaßen leicht fallen. Das Leben ist eine Pilgerreise, die die Befreiung in Brahma zum Ziel hat. Es ist eine spirituelle Übung, bei der man die verschiedenen Stationen mit Ehrfurcht und voll wachsamer Entschlossenheit passieren muss. Und der Schüler hat von seiner ersten Initiation an stets die letzte Vollendung im Blick.

26. SEPTEMBER

Nach der Zeit des Lernens kommt die Zeit des tätigen Lebens in der Welt. Der Weise Manu hat gesagt: »Wenn wir das weltliche Leben mit Weisheit führen, können wir uns spirituell effektiver entwickeln, als wenn wir nicht mit der Welt in Kontakt stehen.« Das bedeutet, dass Weisheit nur durch aktives Leben Vollkommenheit erlangt. Und eine spirituelle Praxis, die von der Weisheit getrennt ist, ist nicht wahrhaftig, sondern bloß das blinde Befolgen einer Tradition, was nichts anderes als Dummheit ist.

27. SEPTEMBER

Das Nachlassen der Körperkräfte ist ein Vorzeichen dafür, dass sich der Lebensabschnitt der aktiven Arbeit seinem Ende nähert. Das ist nichts Bedrückendes, wie die Entlassung für jemanden, der noch an seinem Posten hängt, sondern sollte freudig begrüßt werden, wie die Reife als Stadium der Erfüllung. Nachdem der Säugling den Mutterleib verlassen hat, muss er noch eine Weile nahe bei seiner Mutter bleiben. Trotz der Entbindung bleibt er gebunden, bis er sich an seine neue Freiheit angepasst hat. Ähnlich ist es im dritten Lebensabschnitt. Der Mensch bleibt noch mit der Welt in Kontakt, während er sich auf den letzten Schritt in die vollkommene Freiheit vorbereitet. Er lässt die Welt noch an dem Schatz seiner Erfahrung teilhaben und akzeptiert ihre Unterstützung, aber es ist nicht mehr der geschäftige Austausch wie zuvor.

28. SEPTEMBER

Der Stängel einer reifen Frucht löst sich vom Ast, ihr Fruchtfleisch wird weich, aber in ihrem Samen sammelt sich die Kraft für das nächste Leben. Unseren äußerlichen Verlusten im Alter stehen entsprechende Gewinne im Inneren gegenüber. Aber im Innenleben des Menschen spielt sein Wille eine gewichtige Rolle, so dass diese Gewinne von seinem spirituellen Streben abhängig sind. Darum sieht man bei Menschen, die es versäumt haben, Vorräte für die nächste Etappe anzulegen, so häufig, dass ihre Muskeln zwar erschlafft sind, ihr Mund ohne Zähne und ihr Haar grau ist, sie sich aber dennoch ans Leben klammern und sich weigern, loszulassen. Ja, sie möchten ihren Willen in Bezug auf weltliche Dinge sogar noch über ihren Tod hinaus durchsetzen. Aber wir müssen loslassen, und durchs Loslassen gewinnen wir – das ist die Wahrheit der inneren Welt.

29. SEPTEMBER

Die Früchte müssen sich vom Baum lösen, damit er sich fortpflanzen kann. Das Kind verlässt den Schutz des Mutterleibs, damit es wachsen und sich entwickeln kann. Als Nächstes muss die Seele aus ihrem selbstbeschränkten Zustand in das weite Leben hinaustreten, menschliche Beziehungen zu Nachbarn und Freunden knüpfen, mit denen sie dann eine größere Einheit bildet. Schließlich setzt der Verfall des Körpers ein, die Schwächung der Begierden. Bereichert durch ihre Erfahrungen, verlässt die Seele jetzt das irdische Leben, um in das universale Leben einzutreten. Wenn der verfallene Körper also schließlich ans Ende seines Weges gelangt ist, betrachtet die Seele in Erwartung ihres Eintritts in das Unendliche seinen Tod als ganz natürlich und ohne Bedauern.

30. SEPTEMBER

Wenn ich am Ende des Tages vor Dir stehe, sollst Du meine Narben sehen und wissen, dass ich sowohl Verletzungen als auch Heilung erfahren habe.

Schlangengöttin Manasa

1. OKTOBER

In der Geographie unserer ökonomischen Welt ist das Auf und Ab, das durch die ungleiche Verteilung von Wohlstand entsteht, für die Gesellschaft nur innerhalb einer gewissen Bandbreite förderlich. In einem Land, das überall von steil aufragenden Gebirgsketten durchzogen ist, kann keine hoch entwickelte Zivilisation entstehen, weil durch die Höhenzüge der natürliche Kommunikationsfluss gestört wird. Große Vermögen und luxuriöses Leben bilden, genau wie die Berge, hohe trennende Mauern, sie spalten eine Gesellschaft weitaus mehr als jede physische Barriere.

2. OKTOBER

Es gibt einige, die glauben, die Abschaffung der Idee des Eigentums biete eine Lösung, weil der Gemeinschaftssinn dann, und nur dann, zur freien Entfaltung gelangen könne. Man muss aber wissen, dass der Drang, der zur Entstehung von Privatbesitz geführt hat, im Wesen der menschlichen Natur liegt. Wer die Macht hat, könnte mit Zwang und Gewalt jegliches Eigentum abschaffen, aber niemand wird die menschliche Natur selbst verändern können.

3. OKTOBER

Besitz ist ein Mittel zum Ausdruck unserer Persönlichkeit. Wenn wir den negativen Aspekt dieser Persönlichkeit betrachten, erkennen wir darin die Grenzen, die ein Individuum vom anderen trennen. Wenn in einem Menschen der Sinn für dieses Getrenntsein übermächtig wird, bezeichnen wir ihn als egoistisch. Aber der positive Aspekt der Persönlichkeit offenbart die Wahrheit, dass sie das einzige Mittel ist, durch das Menschen miteinander kommunizieren und enge Bande knüpfen können.

4. OKTOBER

Wenn das Leben einfach ist, wird Wohlstand nicht zu exklusiv, und der individuelle Besitz kann ohne große Schwierigkeiten seine gesellschaftliche Verantwortung wahrnehmen. Im alten Indien hat die öffentliche Meinung hohe Steuern auf Reichtum erhoben, und die meisten öffentlichen Arbeiten im Land wurden freiwillig von den Wohlhabenden finanziert. Wasserversorgung, medizinische Hilfe, Bildung und Unterhaltung wurden auf natürliche Weise durch die Besitzenden bereitgestellt, durch eine freiwillige Übereinkunft gegenseitiger Verpflichtung. Das war möglich, weil die Grenzen des individuellen Rechts auf Genusssucht eng gezogen waren und der überschüssige Reichtum leicht in die Kanäle der sozialen Verantwortung umgeleitet werden konnte. In einer solchen Gesellschaft war Besitz eine der Säulen, die die Zivilisation gestützt haben.

5. OKTOBER

Mit der Erhöhung des Lebensstandards hat Besitz einen anderen Stellenwert bekommen. Er hat das Tor der Gastfreundschaft versperrt, diese beste Art des gesellschaftlichen Umgangs. Reichtum wird in einem Übermaß zur Schau gestellt, das selbstsüchtig ist. Er erzeugt Neid und schafft unversöhnliche soziale Unterschiede. Kurz gesagt, ab einer gewissen Größe wird Besitz unsozial. Denn mit dem, was materieller Fortschritt genannt wird, ist Besitz höchst individuell geworden. Die Methode, Gewinn zu machen, ist zu einer Frage der Wissenschaft geworden und nicht länger die einer sozialen Ethik. Besitz zerstört soziale Bindungen und gräbt dem Gemeinschaftssinn den Lebenssaft ab. Seine Skrupellosigkeit richtet weltweit Verwüstungen an und erzeugt Kräfte, die Menschen zu Ungerechtigkeiten und Untaten verlocken oder zwingen.

6. OKTOBER

Ein Waldbrand nährt sich von der lebendigen Substanz des Waldes, in dem er ausgebrochen ist. Wenn sein Brennstoff vernichtet ist, erlischt auch er. Wenn eine Leidenschaft wie die Gier aus den Schranken der sozialen Kontrolle ausbricht, geschieht dasselbe. Sie nährt sich vom Leben der Gesellschaft und geht zusammen mit ihr unter. Daher war es schon immer ein Ziel spiritueller Übungen, Leidenschaften, die der Gesellschaft schaden, zu bekämpfen und zu zügeln. Aber in jüngster Vergangenheit ist die Gier aus einem anomalen Impuls heraus entfesselt worden und verschlingt alles, was ihr Schutz gewährt hat.

7. OKTOBER

Heutzutage pochen wir alle auf unser Recht, uns ausschweifend vergnügen zu dürfen, soweit wir uns das leisten können. Wer nicht in der Lage ist, für den eigenen Genuss so viel auszugeben wie sein reicher Nachbar, empfindet das als Zeichen einer Armut, für die er sich schämt und worüber seine Familie sich beklagt. Wir sind zu einer Gesellschaft unersättlicher Hedonisten geworden. Was bei einigen wenigen ohne Gefahr geduldet werden konnte, hat die Massen angesteckt. Die daraus entstandene universelle Gier ist der Grund für Niedertracht, Grausamkeit und Lüge in Politik und Wirtschaft, die die gesamte menschliche Atmosphäre vergiften. Eine Gesellschaft mit einer so unnatürlichen Gier kann nur auf Kosten zahlloser Opfer existieren. Diese sind in jenen Teilen der Welt zu finden, in denen ein Menschenleben nicht viel zählt.

8. OKTOBER

Was man im Westen Demokratie nennt, kann in keiner Gesellschaft funktionieren, in der die Gier unkontrolliert wächst, in der sie angestachelt und von der Bevölkerung sogar für eine Tugend gehalten wird. In einer derartigen Atmosphäre herrscht ein ständiger Kampf zwischen den Individuen, um die öffentlichen Mittel für die eigenen Zwecke einzuspannen. Die Demokratie wird so zu einem Elefanten, der nur dazu dient, den Reichen und Gerissenen für Vergnügungsritte zur Verfügung zu stehen.

9. OKTOBER

Im hinduistischen Pantheon gibt es einen Halbgott namens Kubera, der in seinem Charakter dem Gott Mammon ähnelt. Er repräsentiert die durch Gier angetriebene Vermehrung des Geldes. Seine Gestalt mit dem hervorquellenden Bauch ist hässlich und grobschlächtig. Er verkörpert den Reichtum, der keine moralische Verantwortung kennt. Die Göttin Lakshmi dagegen, die Göttin des Wohlstands, ist schön. Wohlstand ist für alle da. Er gründet sich auf dem Besitz, der zwar Einzelnen gehört, aber seine Verpflichtungen gegenüber der Gemeinschaft großzügig erfüllt. Lakshmi thront auf einer Lotosblume, die das Symbol des universalen Herzens ist. Das bedeutet, dass sie über den Reichtum gebietet, der allen nützt und freigebig ist.

10. OKTOBER

Durch irgendein Unglück wurde Lakshmi in unserem Zeitalter von ihrem Thron vertrieben, und an ihrer Stelle wird nun Kubera verehrt. Die modernen Wirtschaftsmetropolen, in denen die Hässlichkeit ohne Scham regiert, symbolisieren seinen hervorquellenden Bauch. Wir müssen uns darüber klar sein, dass die Tatsache, dass diese Hässlichkeit enorme Wachstumskräfte besitzt, kein Grund zur Freude ist. Ihr Wachstum ist kein wahrer Fortschritt, er gleicht einer Krankheit, die den Körper anschwellen lässt, bevor sie ihn tötet.

11. OKTOBER

Das gestreute Licht der Sonne erhält das Leben eines Waldes mit all seinen Bäumen. Der weit gestreute Reichtum wird durch Lakshmi symbolisiert. Wenn dasselbe Sonnenlicht durch ein Brennglas auf einen kleinen Punkt gebündelt wird, kann es denselben Wald zu Asche verbrennen. Dieses verzehrende Feuer des auf einen Fleck konzentrierten Reichtums wird durch Kubera symbolisiert, der die unsere moderne Wirtschaft beherrschende Gottheit ist.

12. OKTOBER

Wenn eine große Gruppe von Menschen für einen materiellen Zweck zusammenkommt, entsteht eine bloße Ansammlung, aber keine Gemeinschaft. Wenn Menschen eng zusammen sind und dennoch keine vertraulichen menschlichen Beziehungen zueinander knüpfen, entsteht moralische Fäulnis. Das lebenswichtige Grundprinzip einer Gesellschaft, das Prinzip der persönlichen Beziehung, wird dadurch an seiner Wurzel gekappt. Das ist die Folge einer fast vollständigen Verdrängung wahrer Zivilisation durch das, was der Westen Fortschritt nennt. Ich bin nicht gegen Fortschritt, aber wenn die Gesellschaft seinetwegen bereit ist, ihre Seele zu verkaufen, dann bleibe ich in materieller Hinsicht lieber rückständig und hoffe, dafür spirituelle Fortschritte zu machen.

13. OKTOBER

Berufe werden nur insoweit von der Gesellschaft getragen, als sie dem Wohl der Menschen dienen. Sie erfüllen ihre Aufgabe, wenn sie der Allgemeinheit nützen. Aber wenn einzelne Berufsstände zu viel Macht erlangen, fangen ihre Vertreter an, zu glauben, die Menschen wären dazu da, sie zu ernähren. So können wir oft erleben, wie Anwälte versuchen, die Schwäche ihrer Klienten auszunutzen, entweder deren hilflose Furcht vor Verlust oder ihre unehrliche Liebe zum Profit. Das Verhältnis zwischen geleisteter Hilfe und deren Entlohnung gerät aus dem Gleichgewicht, wenn dabei keinerlei soziale oder ethische Maßstäbe gelten.

14. OKTOBER

In Indien gab es einst das komplexe System der traditionellen Großfamilie. Jede Familie bildete eine Gesellschaft im Kleinen. Ich will hier nicht erörtern, wie wünschenswert diese Form der Familie ist. Doch ihr rapider Zerfall in der Gegenwart offenbart das Wesen des zerstörerischen Prinzips, das in der modernen Zivilisation am Werk ist. Als das Leben schlicht, die Bedürfnisse einfach und die selbstsüchtigen Leidenschaften unter Kontrolle waren, war eine solche häusliche Ordnung ganz natürlich und brachte Zufriedenheit. Die Mittel der Familie reichten für alle, und niemand stellte überhöhte Ansprüche. Aber eine solche Gemeinschaft kann nicht überleben, wenn der persönliche Ehrgeiz eines Mitglieds mehr fordert, als er benötigt. Das Streben nach eigenen Vorteilen zerstört den Zusammenhalt, entzweit Geschwister und kann sie sogar zu Feinden machen.

15. OKTOBER

Wenn wir in unseren Ansprüchen bescheiden sind, dann erschöpfen die von uns geforderten Rationen nicht den gemeinsamen Vorrat der Natur, und das Tempo ihrer Regeneration bleibt nicht hoffnungslos hinter dem ihrer Ausbeutung durch uns zurück. Eine solche Mäßigung gewährt uns darüber hinaus die Muße, Freude zu kultivieren. Eine Freude, die die künstlerische Seele einer menschlichen Welt ist, die aus Formen und Rhythmen des Lebens Schönheit erschafft.

16. OKTOBER

Die meisten von uns, die sich mit dem Problem der Armut befassen, halten verstärkte Anstrengungen zur Steigerung der Produktion für die einzig denkbare Lösung. Dabei vergessen sie, dass dies nur eine noch größere Ausbeutung von Menschen und Ressourcen bedeuten würde. Es böte bloß einigen wenigen die Möglichkeit, sich auf Kosten von vielen noch mehr zu bereichern. Nahrung macht satt, nicht Geld. Ein erfülltes Leben bedeutet Glück, nicht eine gut gefüllte Brieftasche. Die Vervielfachung der Produktion vergrößert die Ungleichheit zwischen den Besitzenden und den Besitzlosen, und das fügt dem sozialen Gefüge eine tödliche Wunde zu.

17. OKTOBER

Europäern fällt zuweilen auf, dass wir in unserer indischen Sprache kein Wort wie »danke« haben, um Dankbarkeit auszudrücken. Sie folgern daraus, dass unser Charakter dieses lästige Gefühl anscheinend nicht kennt. Aber in unserer Gesellschaft verhält es sich so, dass die Verpflichtung des Helfenden stärker ist als die des Empfängers der Hilfe. Das Gewähren von Gastfreundschaft, selbst gegenüber einem fremden Besucher, ist die Pflicht eines jeden Hausherrn. Alle häuslichen Zeremonien, von der Geburt bis zum Begräbnis, sind lediglich Ausdruck der Verpflichtungen, die jeder Einzelne der Gesellschaft gegenüber hat.

18. OKTOBER

In den Upanischaden wird ein Aspekt der Wahrheit als *ananda brahma* beschrieben. Er bezeichnet das Unendliche in seinem Aspekt des Verstehens und der Freude. Es ist die Sphäre der Weisheit und Liebe, in der bloße Größe, Quantität und Geschwindigkeit keine Bedeutung besitzen. Dort wird der Wert der Wahrheit durch eine gereifte geistige Haltung erfahren, durch geduldige Hingabe, Selbstbeherrschung und Konzentration der Sinne. Die Unendlichkeit manifestiert sich in einer Weite der Muße, über die unsichtbare Boten des Lichts und des Lebens kommen, die schweigend ihre Botschaften der Schöpfung übermitteln.

19. OKTOBER

Die Qualität des Verpackungsvorgangs von Früchten misst sich an der Geschwindigkeit, die er durch die effiziente Organisation der Arbeit erhält, durch die Ökonomisierung der Zeit mittels mechanischer Koordination der Bewegungen. Aber die Früchte selbst erlangen die Qualität ihres Aromas und ihrer Saftigkeit nicht durch ungeduldiges Ignorieren der Zeit, sondern indem sie sich in aller Muße der Liebkosung des Sonnenlichts ausliefern. Zeit bezeichnet also nicht nur die Dauer von Vorgängen, sondern ist auch ein Werkzeug schöpferischer Energie. Im hinduistischen Pantheon fungiert die Gottheit der Zeit auch als Gottheit der Energie, weil die Zeit nicht allein misst, sondern auch bewirkt.

20. OKTOBER

Das Zeitalter der Moderne stürmt mit der Geschwindigkeit eines Tornados voran. Schnelligkeit und Menge der materiellen Produktion sollen jeden Augenblick neu überboten werden. Wir können diese Entwicklung nicht aufhalten. Wir dürfen aber nicht vergessen, dass die Produktion in Muße von unermesslichem Wert für die Menschen ist. Nur sie kann ein Gegengewicht zur rücksichtslosen Eile des Ehrgeizes bilden und dem Leben einen Rhythmus geben.

21. OKTOBER

Die Vervollkommnung unseres Charakters beruht in erster Linie nicht auf Eigenschaften, die Klugheit, Gewandtheit oder eine genaue Beobachtungsgabe hervorbringen, und auch nicht auf der Verstandeskraft, die analysiert und verallgemeinert. Sie beruht auf unserer Übung in Wahrheit und Liebe, auf Idealen, die an die Wurzeln unseres Daseins rühren. Um sie tatsächlich erkennen und im Leben umsetzen zu können, ist eine Achtung der stillen Zeit erforderlich.

22. OKTOBER

Mir bereitet der Umstand Sorge, dass die Idee des Fortschritts unseren Geist heute mehr beschäftigt als der Lebensquell unseres Seins, der die Tiefe der Muße benötigt, um nicht zu versiegen. In der heutigen Zeit findet der größere Teil unseres Wachstums rein äußerlich statt, und unsere Seele hat keine Zeit, sich anzupassen und ein schöpferisches Ganzes zu formen. Mit anderen Worten, die moderne Welt hat sich nicht die Zeit genommen, eine eigene Religion zu entwickeln, ein grundlegendes Prinzip der Aussöhnung, das aus all den widerstreitenden Elementen ein lebendiges Kunstwerk schafft – eine harmonische Gesellschaft.

23. OKTOBER

Wenn wir sagen »Zeit ist Geld«, vergessen wir, dass Muße Reichtum bedeutet, Reichtum für die schöpferische menschliche Seele. Zeitknappheit bringt Deformation und Degeneration hervor, und wer ständig von einem Furor der Eile und Hast geplagt wird, entwickelt eine chronische spirituelle Depression.

24. OKTOBER

Trunkenheit kann man als eine Art von Vergnügen definieren, das durch eine verengte Sinneswahrnehmung mit unnatürlich gesteigerter Schärfe erfahren wird. So gewinnen alle Vergnügungen den Charakter der Trunkenheit, wenn wir versuchen, sie den flüchtigen freien Stunden abzuringen, die uns stakkatoartig überfallen. In den kurzen Augenblicken der Erholung werden wir zu Abhängigen unverdünnter Sensationsgier.

25. OKTOBER

Ein deutscher Wissenschaftler sagte mir, dass viele Europäer an ihrem schnellen, mechanischen Leben kranken, das ihren Wohlstand mehrt, sie seelisch aber nicht befriedigt. Sie begeben sich an entlegene Orte, wo sie Hektik und Raserei eines sinnlosen Daseins vergessen, auf eine Südseeinsel oder in die afrikanische Wüste, wo sie den westlichen Lebensstil abstreifen können. Er erzählte mir von einem Professor aus Leipzig, der seine wissenschaftliche Arbeit und alles, was ihm lieb und teuer war, aufgegeben hatte, um seinen inneren Frieden zu suchen, den er dann in einem tibetischen Kloster fand. Dies mögen Einzelfälle sein, aber sie deuten auf ein Problem hin, das die moderne Zeit nicht länger ignorieren kann. In Darmstadt scharten sich nach dem Ersten Weltkrieg deutsche Studenten um mich und sagten: »Wir haben den Glauben an unsere Lehrer verloren, sie haben uns in die Irre geführt. Was sollen wir aus unserem Leben machen?« Sie erwarteten von einem Dichter aus dem Osten etwas, das ihren spirituellen Durst stillen konnte.

26. OKTOBER

Es kam mir wie ein Wunder vor, dass ich vom Westen augenblicklich als Dichter akzeptiert wurde, denn ich lebte jahrzehntelang weitab vom Getriebe der Welt und fernab vom Westen. Es überraschte mich, aber ich hatte das Gefühl, dass es vielleicht eine tiefere Bedeutung besaß und dass mir diese Jahre, die ich in völliger Abgeschiedenheit verbracht habe, ein besseres Gespür für Ruhe, Heiterkeit und ein Gefühl für das Ewige vermittelt haben und dass das genau die Dinge waren, die die Menschen im Westen in ihrem überaktiven Leben brauchen, wenn sie sich tief im Herzen nach Frieden sehnen, nach unendlichem Frieden. Mein Leben in absoluter Einsamkeit am Ufer des Ganges hat mich darauf vorbereitet. Der Friede dieser Jahre hat sich in mir angesammelt, so dass ich ihn den Menschen im Westen anbieten konnte. Und er wurde dankbar entgegengenommen.

27. OKTOBER

Ich liebe Indien, nicht weil ich dem Götzendienst der Geographie huldige, nicht weil ich das Glück hatte, dort geboren zu werden, sondern weil es durch alle unruhigen Zeiten hindurch die lebendigen Worte bewahrt hat, die seine großen Söhne im Zustand der Erleuchtung gesprochen haben: *satyam, jnanam, anantam brahma.* Brahma ist Wahrheit, Brahma ist Weisheit, Brahma ist unendlich. Und: *shantam, shivam, advaitam.* Im Brahma ist Frieden, im Brahma sind Güte und die Einheit allen Seins. Die Menschen sollen ihr Leben auf das Brahma gründen, die tiefere Wahrheit aller Dinge erkunden und bei allem, was sie tun, ihr Leben und ihr Werk dem Ewigen widmen.

28. OKTOBER

Wonach Indien wirklich strebt, ist nicht der Frieden der Verneinung und Entsagung, sondern der Frieden von *shivam*, der Güte, und *advaitam*, der vollkommenen Einheit. Indien fordert von seinen Kindern nicht, dem aktiven Handeln zu entsagen, sondern im Bewusstsein des Ewigen zu handeln, mit dem Wissen um die spirituelle Bedeutung des Daseins. Das ist das wahre Gebet von Mutter Indien:

Der Eine, der über allen Kastenunterschieden steht, der Menschen aller Farben von ihren Nöten erlöst, der alle Dinge von Anfang bis Ende umfasst, Er soll uns miteinander vereinen, in der Weisheit, die die Weisheit der Güte ist.

29. OKTOBER

Das wahrhaft Universale findet seinen Ausdruck in der Individualität. Schönheit ist universal und wird durch eine Rose verkörpert, weil sie als Rose in ihrer Individualität schön ist. Wenn man Rose, Jasmin und Lotos zerstampft und zu einem Brei vermischt, erhält man dadurch keine höhere Stufe der Schönheit. Wahrer Universalismus reißt nicht die Mauern des eigenen Hauses ein, sondern bietet fremden Besuchern und Nachbarn Gastfreundschaft.

30. OKTOBER

Wo Freiheit des Geistes herrscht, muss es Meinungsverschiedenheiten geben. Es wäre nicht nur eine langweilige Welt, sondern auch eine mit einer mechanischen und sterilen Ordnung, wenn man all unsere Meinungen unter Zwang gleichschalten würde. Wenn man ein Anliegen verfolgt, das die gesamte Menschheit betrifft, muss man um der Menschlichkeit willen die Existenz von unterschiedlichen Meinungen akzeptieren. Meinungen lassen sich nur durch den freien Fluss intellektueller Kräfte und moralischer Überzeugung ändern. Gewalt erzeugt nur Gewalt und stumpfe Blindheit. Die Freiheit des Geistes ist notwendig, um die Wahrheit zu erkennen, Terror tötet sie unweigerlich. Mit Unmenschlichkeit kann man keine Unmenschlichkeit überwinden. Das vermag allein die Menschlichkeit.

31. OKTOBER

Angesichts der Tatsache, dass über die Rückgabe meines Adelstitels eine öffentliche Diskussion geführt wird, möchte ich selbst dazu Stellung nehmen. Ich habe Lord Chelmsford allein deshalb um die Aberkennung des Titels »Sir« gebeten, um meiner Verurteilung des Massakers im Punjab, bei dem britische Truppen auf unbewaffnete Demonstranten schossen, größtmöglichen Nachdruck zu geben. Es war keine anmaßende Verachtung eines Ehrentitels, der mir in Anerkennung meines literarischen Werkes verliehen wurde. Hätte ich ihn damals nicht wirklich akzeptiert, wäre es jetzt bedeutungslos, ihn zu opfern, um meiner Stimme Gewicht zu geben. Ich verabscheue öffentliche Gesten, die den Anstrich von Theatralik haben. Ich wiederhole hier also nochmals, dass ich keinerlei Zusatz zu meinem Namen wünsche: weder Babu noch Sriyut, weder Sir noch Doktor. Ein Psychologe mag das auf ein Gefühl des Stolzes tief in meiner Seele zurückführen, und damit läge er wohl nicht falsch.

Kali

1. NOVEMBER

Die Berufung eines Dichters besteht darin, der Stimme, die noch unhörbar in der Luft liegt, Ausdruck zu verleihen, Glauben an den noch unerfüllten Traum zu verbreiten und der zweifelnden Welt die erste Kunde von der noch nicht erblühten Blume zu bringen. Ich wurde oft um »Botschaften« gebeten, und es war mir immer lästig. Als würde man einen Baum um eine Rede oder einen Vogel um einen Vortrag bitten. Als Dichter sehe ich es allein als meine Aufgabe an, mein Gefühl für Freude und Hoffnung aufrechtzuerhalten und weiterzugeben, selbst wenn sich Himmel und Erde verdüstern.

2. NOVEMBER

In Indien hat die Philosophie immer die Verbindung mit der Poesie gesucht, denn es war ihre Mission, das Leben aller Menschen zu erreichen und nicht nur die exklusiven Zirkel der Gelehrten. Die zahlreichen Heiligen, die Indien während der Moghulherrschaft hervorgebracht hat, waren alle poetische Sänger. Ihr religiöses Gefühl hatte seinen Ursprung in der Tiefe einer Philosophie, die sich mit grundlegenden Fragen des Daseins befasst. Das mag an sich nicht bemerkenswert sein, aber wenn wir feststellen, dass ihre Lieder nicht eigens für die Versammlungen der Philosophen gedacht waren, sondern in den Dörfern gesungen und von Männern und Frauen gehört wurden, die weder lesen noch schreiben konnten, wird uns klar, wie sehr die Philosophie das Leben der Menschen in Indien durchdrungen hat, wie tief sie ins Unterbewusstsein des Landes eingedrungen ist.

3. NOVEMBER

In meiner Kindheit hörte ich einen Sänger, der ein frommer Hindu war, dieses Lied vom Kabir singen: »Wenn ich von einem Fisch höre, der im Meer verdurstet, muss ich lachen. Wenn es wahr ist, dass das unendliche Brahma das ganze Weltall erfüllt, was macht es dann für einen Sinn, nach Mathura oder Kashi zu pilgern?« Dieses Gelächter von Kabir verletzte die religiösen Gefühle des Sängers nicht im Geringsten. Im Gegenteil, dieser war bereit, darin einzustimmen. Denn als philosophischer Freigeist war er sich darüber im Klaren, dass Mathura und Kashi als heilige Stätten keine absolute Wahrheit besitzen, auch wenn sie von symbolischer Bedeutung sind. Obwohl er selbst gerne dorthin gepilgert wäre, hegte er keinen Zweifel daran, dass für ihn keine Notwendigkeit bestand, irgendeinen bestimmten Ort aufzusuchen, um sein spirituelles Bewusstsein zu fördern, wenn es in seiner Macht stand, das Brahma direkt als alles durchdringende Wirklichkeit wahrzunehmen.

4. NOVEMBER

In Indien gab es lange Zeit ein hervorragendes System der Volksbildung, das heute Gefahr läuft, zu verschwinden. Wir haben die Orte akademischer Gelehrsamkeit, an denen sich die Studenten um ihre berühmten Lehrer scharen. Diese Orte sind wie Seen mit tiefen, aber stillen Wassern, zu denen man nur auf schwierigen Pfaden gelangt. Aber die stete Verdunstung lässt Wolken entstehen, die vom Wind über Felder, Hügel und Täler getrieben werden. Schauspiele, die auf den großen Epen beruhen, Rezitationen und das Erzählen von Geschichten, der ganze poetische Reichtum der Volksdichtung werden von der Institution der wandernden Sänger im ganzen Land verbreitet. Sie sind die Wolken, die die Ideen, die ursprünglich aus dem schwierigen Gebiet der Metaphysik stammen, zu den einfachen Leuten tragen.

5. NOVEMBER

Die Bauls gehören zu den vielen Menschen in Bengalen, die über keine formelle Bildung verfügen. Sie ziehen einfach umher und singen ihre Lieder. Von einem, das ich vor vielen Jahren gehört habe, sind mir die ersten Zeilen im Gedächtnis geblieben:

> Niemand weiß, wann der ungekannte Vogel in den
> Käfig kommt und wieder hinausfliegt;
> Ich würde ihm die Fesseln meines Verstandes
> anlegen, bekäme ich ihn bloß zu fassen.

Dieser Dorfpoet stimmt offenbar mit den Weisen der Upanischaden überein, die sagen, dass unser Verstand bei dem Versuch, die unendliche Allseele zu erfassen, verwirrt zurückbleibt. Und doch geben unser Sänger und die alten Seher das Abenteuer des Unendlichen nicht auf und bezeugen so, dass es einen Weg zu seiner Verwirklichung gibt.

6. NOVEMBER

In einem Lied der Bauls, das über hundert Jahre alt ist, wird das ewige Band der Einheit zwischen der unendlichen Allseele und der endlichen Einzelseele besungen. Von dieser Verbindung kann es keine Befreiung geben, denn sie ist ein Band der Wahrheit und der Liebe, das endgültig ist:

Der Lotos der Seele, der mich und Dich gefangen
    hält, blüht ewig.
Sein Nektar ist von solcher Süße, gleich verzückten
    Bienen können wir nicht von ihm lassen.
Und so sind wir gefangen, Du und ich, und nirgends
    gibt es Befreiung.

7. NOVEMBER

Einmal war ich zu Besuch in einem bengalischen Dorf, das hauptsächlich von muslimischen Bauern bewohnt wurde. Die Dörfler unterhielten mich mit der Aufführung eines Schauspiels, das auf den Schriften einer religiösen Schule beruhte, die vor langer Zeit einmal großen Einfluss besessen hatte. Obwohl die Religion selbst längst vergessen ist, lebt ihre Stimme fort und verkündet ihre Philosophie Menschen, die ihr trotz ihrer anderen Kultur geduldig zuhören. Beim Licht einiger rußender Kerosinlampen hockten sie unter einer zerfetzten, von Bambusstöcken gestützten Plane und wohnten, ohne müde zu werden, bis in die frühen Morgenstunden der Aufführung eines Schauspiels bei, das in einem scheinbar unpassenden Rahmen von Tanz, Musik und humorvollen Dialogen den Sinn der letzten Dinge erörtert.

8. NOVEMBER

Damit eine Gesellschaft all ihre komplexen Funktionen erfüllen kann, muss es eine große Anzahl von Leuten geben, die sich um die materiellen Bedürfnisse kümmern, wie beschwerlich diese Aufgabe auch sein mag. Ihre harte Arbeit bietet ihnen keine Möglichkeit, ihren Geist zu kultivieren. Sie bilden die große Masse der Leute, sie sind die Rädchen in der Maschinerie der Produktion, und nur wenige von ihnen finden die Muße, sich tiefe Gedanken zu machen, Kunst zu schaffen oder spirituelle Höhen zu erreichen. Indien hat diese Märtyrer der Gesellschaft nie vergessen, sondern seine Pflicht erkannt, sie in Form einer Vielzahl von Zeremonien und Ritualen mit geistiger und spiritueller Nahrung zu versorgen. Das musste nicht von einer speziellen staatlichen Behörde organisiert werden, sondern ist ein natürlicher Vorgang gesellschaftlicher Selbstregulierung.

9. NOVEMBER

Unsere Seele wartet auf ihre Befreiung vom Ego, um die selbstlose Freude zu erlangen, die Ursprung und Ziel der Schöpfung ist. Sie sehnt sich nach Wahrheit, nach Befreiung aus der Fata Morgana der endlosen Erscheinungen, denen das Selbst nachjagt. Diese Idee der Befreiung durchzieht in Indien das gesamte Leben. Menschen ohne Bildung und von einfachem Glauben singen Gebete für Tara, die Göttin der Erlösung: »Für welche Sünde muss ich hier im Kerker der Welt der Erscheinungen darben?« Mag sein, dass sie keine intelligente Antwort geben können, wenn man sie nach dem tieferen Sinn des Liedes fragt. Doch sie hegen keinen Zweifel daran, dass die eigentliche Ursache allen Leids nicht so sehr in der Armseligkeit des Lebens liegt, sondern im Verkennen seines wahren Sinns. Denn oft haben sie erlebt, wie Menschen, die ihnen an Stand und Bildung nicht überlegen waren, alles aufgegeben haben, um sich auf die Suche nach Wahrheit zu machen.

10. NOVEMBER

Ich begegnete einmal einem Fischer, der den ganzen Tag völlig selbstvergessen singend am Ufer des Ganges fischte. Meine Bootsführer machten mich voller Ehrfurcht auf ihn aufmerksam, als auf einen Mann, dessen Seele Freiheit erlangt hat. Er besaß keinen Preis, mit dem die Gesellschaft üblicherweise den Marktwert eines jeden Menschen festlegt. Wenn ich diesen Fischer so betrachte, kommt mir unweigerlich der Gedanke, dass die Zahl derer, die mit ihrem Leben das Lied der befreiten Seele singen, nicht gering sein kann, dass sie aber wohl nie Berühmtheit erlangen werden. Die einfachen indischen Bauern wissen, dass der König nur ein kostümierter Sklave ist, der an sein Königreich angekettet bleibt, und ein Millionär vom Schicksal im goldenen Käfig seines Reichtums gefangen gehalten wird, dieser Fischer jedoch im Reich des Lichts Freiheit erlangt hat.

11. NOVEMBER

Die Texte für unsere tägliche Andacht und Meditation sollen den Geist darin üben, die Trennung vom Rest des Seins zu überwinden und die Einheit, *advaitam*, zu erkennen, die *anantam*, Unendlichkeit, ist. So beeinflusst die philosophische Weisheit in Indien die allgemeine Geisteshaltung, indem sie unsere Gebete und unsere täglichen spirituellen Übungen inspiriert. Dadurch werden wir ständig gedrängt, über die Welt der Erscheinungen hinauszugehen, in der uns die vereinzelten Tatsachen fremd sind, wie die einzelnen Töne einer unbekannten Melodie. Sie künden uns von der inneren Wahrheit aller Dinge, in der die endlose Vielheit das Eine offenbart, so wie uns die Vielheit der Töne ihre Wahrheit offenbart, wenn wir ihre Einheit als Melodie wahrnehmen.

12. NOVEMBER

Man könnte meinen, dass ein Einzelner, der sich erfolgreich von seinen Mitmenschen absondert, wahre Freiheit erlangt, da alle Bindungen Verpflichtungen gegenüber anderen bedeuten. Aber wir wissen – so paradox es auch klingen mag –, dass Freiheit unter Menschen nur durch ein perfektes Arrangement von gegenseitigen Beziehungen entsteht. Die individualistischsten Menschen, die keinerlei Verpflichtung eingehen, gleichen einer schlecht brennenden Lampe, die hinter einem Schleier aus Rauch im Verborgenen scheint. Nur wer die Kraft besitzt, gegenseitiges Verständnis und Zusammenarbeit zu kultivieren, kann Freiheit von der Dunkelheit eines Lebens in Isolation erlangen. Die Geschichte des Siegeszugs der Freiheit ist die Geschichte der Vervollkommnung menschlicher Beziehungen.

13. NOVEMBER

Ich weigere mich, zu glauben, dass die Menschheit bereits an die Grenze ihrer moralischen Möglichkeiten gestoßen ist. Wir müssen mit aller Kraft daran arbeiten, das scheinbar Unmögliche zu erreichen, und darauf vertrauen, dass es in der Tiefe der menschlichen Seele ein stetes Drängen gibt, Vollkommenheit anzustreben, das uns insgeheim bei all unseren Anstrengungen für das Gute unterstützt. Dieses Vertrauen war mein einziges Rüstzeug bei der Bildungsmission, die ich mir zur Lebensaufgabe gemacht habe.

14. NOVEMBER

Wir dürfen nicht den großen Einfluss unterschätzen, den die Werte, die in einer Gesellschaft vorherrschen, auf die geistige Entwicklung unserer Kinder ausüben. Wenn diese Werte falsch sind, kann noch so viel Bildung die Kinder nicht vor ihrer verderblichen Wirkung bewahren. Die Auswirkungen gesellschaftlicher Werte auf den Geist sind so subtil und unvermeidlich wie die der physischen Lebensbedingungen auf den Körper. Es ist nicht möglich, Kindern eine gute Bildung zu vermitteln, wenn die Gesellschaft nicht von guten Idealen geprägt wird. Die Erziehungsmethoden können noch so modern und wissenschaftlich sein, sie werden den kindlichen Geist nur umso wirksamer verbiegen und verderben, wenn der Zweck, dem sie dienen, unwürdig ist.

15. NOVEMBER

Ich wollte in meiner Schule eine Atmosphäre schaffen, die wichtiger sein sollte als der Unterricht in den Klassen. Ich schrieb Lieder für die verschiedenen Jahreszeiten, zur Feier des Frühlings oder der Regenzeit, die auf einen erbarmungslosen Sommer folgt. Wenn die Natur persönlich ihre Botschaft schickt, sollten wir ihre verlockende Einladung annehmen. Wenn der Kuss des Regens das Herz der Bäume erquickt und wir unsere Aufmerksamkeit weiterhin pflichtbewusst auf unsere Lektionen richten, schließen wir uns vom Geist des Universums aus. Unsere Pausen kommen so unerwartet wie die Naturereignisse selbst. Wolken sammeln sich ohne Vorwarnung über den Palmen, und wir rennen fröhlich hinaus, weg von unserer Sanskrit-Grammatik. Der Welt der Vögel und Bäume unser Mitgefühl zu entziehen, ist ein barbarisches Verhalten, das in meiner Schule nicht erlaubt ist.

16. NOVEMBER

Ich habe versucht, meine Überzeugung, dass der einzige Sinn und das Ziel von Bildung Freiheit ist, in Wort und Tat umzusetzen – Freiheit von Ignoranz und Freiheit von Begierden und Vorurteilen in unseren menschlichen Beziehungen. Ich habe versucht, in meiner Schule eine natürliche Atmosphäre im Umgang mit Fremden zu schaffen und den Geist der Gastfreundschaft zu fördern, die die oberste menschliche Tugend ist und die Zivilisation erst möglich gemacht hat. Ich habe Denker und Gelehrte aus fremden Ländern eingeladen, um unseren Schülern zu zeigen, wie einfach es ist, Gemeinschaft zu verwirklichen, und dass es die Kleingeistigen sind, die mit ihren nichtigen Eitelkeiten zwischen den Menschen Barrieren errichten.

17. NOVEMBER

Ich liebe Beethoven und Bach. Ich muss jedoch gestehen, dass es viel Zeit gebraucht hat, bis ich das Idiom
der europäischen Musik verstanden und wirklich schät-
zen gelernt habe. Aber ungeachtet der individuellen
und geographischen Unterschiede und Besonderheiten
in der Form besitzt Kunst etwas Universales. Der Aus-
gangspunkt aller Künste, sei es Dichtung, Musik oder
Malerei, ist der Atem, der Rhythmus, der dem menschlichen Körper innewohnt und überall derselbe, also universal ist. Gerade Musiker lassen sich oft vom Rhythmus des Herzschlags oder des Atems inspirieren.

18. NOVEMBER

Brahma ist grenzenlos in seinem Überfluss, was unweigerlich seinen Ausdruck im ewigen Weltprozess findet. Hier liegt auch der Ursprung der Kunst. Von allen Geschöpfen auf der Welt besitzt allein der Mensch vitale und mentale Energien, die weit über seinen lebensnotwendigen Bedarf hinausgehen, die ihn drängen, schöpferisch tätig zu sein. Wie Brahma selbst empfindet der Mensch Freude an Schöpfungen, die für ihn nicht notwendig sind und die deshalb seinen Überfluss und nicht sein Von-der-Hand-in-den-Mund-Leben darstellen. Eine Stimme, die sprechen und rufen kann, reicht für den Alltagsgebrauch aus. Doch eine Stimme, die singt, geht darüber hinaus, und wir empfinden Freude an ihr. Kunst offenbart in all ihren Formen den Reichtum des menschlichen Lebens.

19. NOVEMBER

Ich lud bekannte Künstler aus der Stadt ein, bei uns in der Schule zu leben, und ließ ihnen die Freiheit, an ihren eigenen Werken zu arbeiten. Die Jungen und Mädchen konnten ihnen zuschauen, wenn sie Interesse hatten. Ich schrieb meine Lieder und Gedichte, und die Lehrer saßen dabei und hörten zu. Die Kinder kamen von ganz allein herbei, und selbst wenn sie nicht alles genau verstanden, bekamen sie doch etwas frisch aus dem Herzen des Dichters mit. Von Anbeginn unserer Arbeiten an haben wir die Schüler auch dazu ermuntert, unseren Nachbarn in den umliegenden Dörfern zu helfen. In einer solchen Ausweitung des Wohlwollens und des Dienstes findet unser Geist wirkliche Befreiung.

20. NOVEMBER

Wir haben unsere Schule auf dem Ideal der spirituellen Einheit aller Völker begründet. Ich wollte sie zu einem Treffpunkt für Menschen aller Länder machen, die an das Göttliche im Menschen glauben. Bei meinen Reisen im Westen bin ich häufig solchen Idealisten begegnet, oft ganz einfache Leute ohne besondere gesellschaftliche Stellung, die für eine Sache kämpfen und leiden, die im Allgemeinen von den Cleveren und Mächtigen ignoriert wird. Diese Einzelnen werden, da bin ich mir sicher, das Angesicht der Zukunft verändern.

21. NOVEMBER

Die großen Zivilisationen des Ostens und des Westens sind in der Vergangenheit zur Blüte gelangt, weil sie auch den Geist der Menschen mit Nahrung versorgt haben. Sie haben versucht, das Leben auf dem Glauben an Ideale aufzubauen, ein Glauben, der schöpferisch ist. Diese großen Zivilisationen sind letzten Endes von Männern vom Schlage unserer heutigen Börsenspekulanten zugrunde gerichtet worden: aalglatt und egoistisch, gewiefte und erfolgreiche Feilscher auf den Märkten der Macht und des Profits. Sie erdreisten sich, mit ihrem Geld Menschenseelen zu kaufen und sie auf den Müll zu werfen, nachdem sie alles aus ihnen herausgepresst haben. Von einer selbstmörderischen Leidenschaft getrieben, stecken sie zu guter Letzt das Haus ihres Nachbarn in Brand und kommen dabei selbst in den sich ausbreitenden Flammen um. Es sind die hohen Ideale, die die großen Zivilisationen der Menschheit hervorgebracht haben, und es sind die blinden Leidenschaften, die sie zerstören.

22. NOVEMBER

Über ein Jahrhundert lang waren alle wie hypnotisiert von Geschwindigkeit und Dynamik des Fortschritts, und wenn wir je gewagt haben, wie leise auch immer, zu fragen: »Fortschritt – wohin und für wen?«, wurde das nicht ernst genommen. Erst in jüngerer Zeit nehmen wir auch andere Stimmen wahr, die sich fragen: »Worin liegt der Wert des Fortschritts, wenn er diese schöne Welt in eine Wüste verwandelt?«

23. NOVEMBER

Der Weise Laotse hat gesagt: »Wer Tugend besitzt, nimmt seine Verantwortung wahr, wer keine Tugend besitzt, nimmt seine Ansprüche wahr.« Fortschritt, der nicht von einem inneren Ideal bestimmt wird, sondern von äußeren Anreizen, wird nur endlose Ansprüche befriedigen. Eine Zivilisation, die Idealen folgt, verleiht uns dagegen Kraft, unsere Verantwortung mit Freude wahrzunehmen. Wir sollten uns nicht dazu verleiten lassen zu glauben, dass alles Alte notwendigerweise überholt ist und alles Moderne unentbehrlich. Wenn wir Dinge danach bewerten, ob sie modern oder alt sind, begehen wir einen Fehler. Wir sollten etwas nicht lieben, weil es alt oder modern ist, sondern weil es tatsächlich einen bleibenden menschlichen Wert besitzt.

24. NOVEMBER

Gott möchte, dass der Mensch seine Größe offenbart. Die Wissenschaft hat uns Zugang zum Vorratslager der Natur verschafft und nutzt erfolgreich den Reichtum von deren Ressourcen. Darauf können wir stolz sein. Aber was haben wir mit der Welt der Schönheit gemacht? Waren wir genauso erfolgreich darin, ihren inneren Sinn zu erforschen und uns ihren endlosen Reichtum an Freude zu erschließen? Nein, im Gegenteil, je mehr wir unsere Mechanismen der Nützlichkeit verfeinern, umso mehr entfremden wir uns von der Welt der Wahrheit und Schönheit. Wir haben gelernt, zu unterdrücken und zu zerstören. Aber wir haben dabei versagt, unsere Freiheit zu gewinnen, indem wir uns der Liebe ergeben.

25. NOVEMBER

Wir sollten keine Misstöne in diese schöne Welt bringen; sie stehen nicht mit der Schöpfung in Einklang. Rosen und Nachtigallen, Sonnenschein und grün belaubte Bäume – sie alle spielen auf der Harfe der Schöpfung, lasst uns darin einstimmen. Lasst uns nicht gierig, hässlich und zerstörerisch sein, nicht von Leidenschaften besessen, die nicht unserer Natur entsprechen. Zu lange schon entweihen wir unsere heilige, von Gott erschaffene Welt. Erkennen wir nicht, wie der Mensch Leid verursacht, die Schwachen versklavt, Gastfreundschaft und Wohlwollen mit kaltherziger Berechnung ausnutzt? Unsere Untaten fügen der Schöpfung unzählige Wunden zu. Wir sollten Scham empfinden über das, was der Mensch dem Menschen angetan hat.

26. NOVEMBER

In der Vergangenheit haben die Herrscher Dichter und Weise aus anderen Ländern eingeladen. Dieser Brauch existiert heute nicht mehr. Die modernen Staatslenker an der Spitze der politischen Maschinerie interessieren sich nur wenig für Kultur. Die Beziehungen zu anderen Ländern werden hauptsächlich von einer Diplomatie bestimmt, die sich von menschlichen Beziehungen nicht irritieren lässt.

27. NOVEMBER

Wir machen mitunter die schmerzhafte Erfahrung, dass nichts so trennend sein kann wie eine falsche Art von Nähe. Statt sich zu begegnen, scheinen sich die Leute in die Quere zu kommen oder auszuweichen. Wir besuchen fremde Länder entweder als Touristen und streifen in Hotels nur die Oberfläche des Lebens oder wir kommen in der einen oder anderen Form als Ausbeuter. In unserer Welt teilen sich die Nationen hauptsächlich in zwei große Gruppen auf: in die, die die Freiheitsrechte der anderen verletzen, und in jene, die nicht in der Lage sind, ihre Freiheit zu verteidigen. So gibt es gegenwärtig viele Übergriffe, aber wenig kulturellen Austausch.

28. NOVEMBER

Lasst uns das, was wie ein Hindernis erscheint, zum Pfad machen. Lasst uns zusammenkommen, nicht trotz unserer Unterschiede, sondern über sie. Denn Unterschiede können nie ganz beseitigt werden, und ohne sie wäre das Leben um vieles ärmer. All die verschiedenen Völker können und sollen ihre Eigenart behalten, um in einer lebendigen Einheit zusammenzufinden und nicht in steriler Einförmigkeit.

29. NOVEMBER

Während meiner Reisen offenbarte sich mir die grundlegende Einheit der Menschheit. Ich wollte diese Wahrheit in unserer Schule in Shantiniketan bewahren und die Verständigung der Herzen pflegen, die durch unterschiedliche historische und nationale Erfahrungen getrennt worden waren. Dabei war mir der Gedanke eine große Hilfe, dass es das höchste Ideal menschlicher Wahrheit ist, was in Indien mit den Worten ausgedrückt wurde: »Nur der sieht wahrhaftig, der in allen Wesen sich selbst erblickt.«

30. NOVEMBER

Einst widmeten sich die großen Weisen des alten Indien ganz dem Ideal der Vervollkommnung der Seele, um durch Weisheit absolute Freiheit und durch Mitgefühl absolute Liebe zu erlangen. Heute können wir uns nicht mehr solcher Weisheit und Herzensgröße rühmen. Aber ich hoffe, es mangelt uns an beiden nicht so sehr, dass wir nicht mehr zu aufrichtiger Gastfreundschaft in der Lage sind, zu der ehrlichen Bereitschaft, unsere Grenzen zu überschreiten und uns den Herzen anderer Völker anzunähern.

Gaja-Lakshmi

1. DEZEMBER

Ich kann euch versichern, das Kind in mir ist noch immer sehr lebendig. Lasst euch nicht von meinem grauen Haar täuschen. Natürlich bin ich gezwungen, ernsthaften Pflichten nachzukommen, um den Erwartungen an mein reifes Alter gerecht zu werden. Doch der bessere Teil meiner Aktivitäten besitzt den inkonsequenten Charakter des Spiels, das aus dem luftigen Nichts den Stoff der Phantasie spinnt. Von meinen Mitmenschen habe ich als Anerkennung des einen oder anderen Dienstes, der als nützlich erachtet wurde, oft Lorbeerkränze erhalten. Aber jeden Tag meines Lebens spüre ich, wie Mutter Natur mich mit ihrem Morgenlicht bekränzt und mit ihrer sanften, duftenden Brise küsst, nicht, weil ich etwas Bedeutendes vollbracht hätte, sondern weil ich sie liebe.

2. DEZEMBER

Wir Dichter gedeihen durch die Sympathie und Anerkennung, die uns unsere Mitmenschen entgegenbringen. Ich muss gestehen, dass ich kein Verlangen nach
Ruhm und Ehre verspüre. Ehre ist etwas für die Toten,
die ihre Arbeit getan und sich große Gedenksteine verdient haben. Unsere Liebe jedoch gilt den Lebenden,
die warmherzige Zuneigung brauchen, die sie inspiriert
und zu würdigen Leistungen ermutigt. Meine Aufgabe
ist es, in den Menschen Freude an schönen Dingen zu
wecken. Dazu brauche ich ihre Liebe, damit meine
Stimme ihr Herz erreichen kann.

3. DEZEMBER

Lasst den Toten die Unsterblichkeit des Ruhms, den Lebenden aber gehört die Unsterblichkeit der Liebe.

4. DEZEMBER

Jeder hat etwas von einem Dichter in seinem Herzen, das in der Erfahrung der letzten Wirklichkeit Erfüllung sucht. Der Mensch empfindet Freude, weil die Blumen blühen und der Himmel blau und das Wasser klar ist. Nicht weil sie nützlich und profitabel sind, wie Scheckbücher und Maschinen, sondern weil sie sind, was sie sind. Der Dichter in unserem Herzen wird von Gott als Dichter inspiriert. Im Morgenrot, im grünen Gras und im Leben spendenden Wasser spricht er zu uns als Freund, der Antwort sucht in unserer Freude. Ich bin mir sicher, dass er glücklich ist wie ein sterblicher Dichter, wenn wir uns an seiner Schöpfung erfreuen.

5. DEZEMBER

Ich hatte immer das Gefühl, von Gott geachtet zu werden, wenn ich meinen Mitmenschen nützliche Dienste erweise, aber seine Liebe zu gewinnen, wenn ich für sie singe. Wir müssen die Welt der Nützlichkeit und ihre Gesetze anerkennen, sonst werden wir bestraft. Aber die Welt der Schönheit wartet geduldig. Auch wenn wir achtlos an den Rosen vorbeigehen, lächeln sie in ihrer Schönheit und warten still auf unsere Anerkennung. Wir werden nicht bestraft, wenn wir den Dienst der Liebe im Universum gefühllos ignorieren. Deshalb ist der Große Dichter froh, wenn wir das Herz der Existenz durch das Tor der Liebe betreten. Er hat uns die Freiheit gegeben, gleichgültig zu bleiben, seine Schöpfung anzunehmen oder abzulehnen. Aber wenn uns die Musik, die seiner unendlichen Liebe entströmt, erreicht, hat sich der wahre Zweck unseres Seins erfüllt.

6. DEZEMBER

In meiner Jugend war ich noch darauf erpicht, mir literarisch Ruhm und Ehre zu erwerben. Es brauchte Zeit, damit in mir die Weisheit reifen konnte, dass die wertvollste Form der Dankbarkeit nicht Ehrenbezeugungen sind, sondern die Liebe. Ehrungen sind eine Last, wie ich selber erfahren habe. Liebe erlegt einem keine Verpflichtungen auf, sie ist frei und gewährt einem daher auch Freiheit.

7. DEZEMBER

Während meiner Laufbahn als Dichter wurde ich von meinen Mitmenschen glücklicherweise nicht bloß durch lauten Applaus belohnt, sondern auch durch das intime Gefühl spiritueller Nähe. Das hat mich vor allem in den Ländern des Westens, wo ich von Sprache und Kultur her ein Fremder war, mit dankbarer Verwunderung erfüllt. Dort begegnete ich den Leuten auf der weiten gemeinsamen Ebene der Menschlichkeit in einer ungetrübten Atmosphäre von Freiheit und Freundschaft. Ich spürte, wie sie mir ihre Liebe entgegenbrachten und mich als Reisegefährten auf dem Pfad des Lebens akzeptierten.

8. DEZEMBER

Die spirituelle Erleuchtung, die sich in alter Zeit von Indien ausgehend über Asien verbreitete, hat an dem heiligen Ort unweit von Benares, wo Buddha seinen Schülern die Botschaft der höchsten Erfüllung durch die Liebe verkündete, in Form eines Klosters Gestalt angenommen. Dieses Monument, das die Hoffnung auf Befreiung für alle Menschen verkörpert, war lange Zeit verschüttet und vergessen. Wenn heute die Wiedereröffnung des Klosters von Sarnath von Pilgern aus Ost und West gefeiert wird, ist das ein Anlass zu besonderer Freude. Zahlreich sind die Triumphbögen zur Erinnerung an Unrecht und Leid, die sich Krieg führende Völker gegenseitig zugefügt haben. Lasst uns daher dieses Kloster dem Wohle der Menschheit und der spirituellen Freundschaft zwischen den Völkern weihen.

9. DEZEMBER

Wenn Frieden mehr sein soll als die bloße Abwesenheit von Krieg, muss er auf der Stärke der Gerechten und darf nicht auf der Unterdrückung der Schwachen beruhen. Wenn wir nach wahrem Frieden streben, in dem das Glück des einen nicht das Unglück des anderen ist, muss der einfache friedliebende Bürger in den reichen Nationen sich von dem befremdlichen Wunsch befreien, Frieden zu wollen, während er zugleich von den Kriegsgewinnen profitiert – was seinen Wunsch dem Vorwurf der Heuchelei aussetzt. Er darf sich nicht durch die Aussicht auf Wohlstand und Ehre bestechen lassen und das dann Patriotismus nennen. Wir werden so lange keinen Frieden haben, bis wir bereit sind, den vollen Preis dafür zu zahlen, was bedeutet: Die Starken dürfen nicht länger gierig sein, und die Schwachen müssen lernen, beherzt zu werden.

10. DEZEMBER

Es gibt kluge Leute, die Realisten sind und sagen, dass es nicht in der menschlichen Natur liegt, großzügig zu sein, dass die Menschen sich immer bekämpfen werden, dass die Starken die Schwachen beherrschen und dass es keine moralische Grundlage für eine menschliche Zivilisation gibt. Man kann nicht bestreiten, dass die Mächtigen in der Welt das Sagen haben, aber ich weigere mich, das als letzte Wahrheit zu akzeptieren. Es sind Zusammenarbeit und Liebe, gegenseitiges Vertrauen und Hilfsbereitschaft, die die Stärke und den wahren Wert einer Zivilisation ausmachen. Es müssen ständig neue spirituelle und moralische Kräfte mobilisiert werden, die es den Menschen ermöglichen, ihre wissenschaftlichen Errungenschaften ihrer Gesellschaft anzupassen und ihre Waffen und Maschinen unter Kontrolle zu halten, ansonsten werden sie von ihnen beherrscht und versklavt werden.

11. DEZEMBER

Wir müssen lernen, unsere Menschlichkeit gegen die Anmaßung der Mächtigen zu verteidigen. Wir müssen nur aufpassen, dass wir nicht ihre Mittel übernehmen und selbst zur Gewalt Zuflucht nehmen. Damit würden wir genau jene Werte zerstören, die unsere Menschlichkeit verteidigenswert machen. Denn Gefahr droht nicht nur vom Feind, sondern auch vom Verrat, der in uns lauert.

12. DEZEMBER

Überall werden Menschen, die unabhängig denken und handeln und eine unbezähmbare Liebe zu intellektueller und moralischer Freiheit hegen, von der Gesellschaft mit Misstrauen und Ablehnung betrachtet. Aber eine Gemeinschaft, die dabei die Grenze des Erträglichen überschreitet und alles unternimmt, es diesen Menschen, die den Mut besitzen, zu ihren aufrichtigen Überzeugungen zu stehen, und die daher am besten geeignet sind, für Wahrheit und Gerechtigkeit zu kämpfen, unmöglich zu machen, in ihrer Mitte zu leben, ist dazu verurteilt, über kurz oder lang eine Sklavenmentalität zu entwickeln.

13. DEZEMBER

Es ist für alle Zeiten gültig, was der Buddha gesagt hat: »Überwinde den Zorn durch die Macht des Nichtzürnens und das Böse durch die Macht des Guten.« Die Macht des Guten muss ihre Wahrheit und Stärke durch Furchtlosigkeit beweisen, durch die Weigerung, irgendeine Strategie zu akzeptieren, die zu ihrem Erfolg die Verbreitung von Angst benötigt und sich nicht scheut, sich des Mittels der Zerstörung zu bedienen. Wir müssen wissen, dass ein moralischer Sieg nicht vom Erfolg abhängig ist und dass Misserfolg der Moral weder Würde noch Wert rauben kann.

14. DEZEMBER

Jene, die an das spirituelle Leben glauben, wissen, dass es allein schon ein Sieg ist, gegen das Falsche aufzubegehren, hinter dem eine überwältigende materielle Macht steht – ein Sieg des handelnden Glaubens an ein Ideal angesichts einer drohenden Niederlage. Ich war stets der Auffassung, dass die Freiheit dem Menschen nicht als Almosen gegeben wird. Wir müssen sie erkämpfen, um sie zu gewinnen.

15. DEZEMBER

Gib mir den erhabenen Mut der Liebe – das ist mein Gebet –, den Mut, meine Stimme zu erheben, zu handeln, um Deinetwillen zu leiden, alles aufzugeben und verlassen zu werden.

Gib mir den erhabenen Glauben der Liebe – das ist mein Gebet –, den Glauben an das Leben im Tode, an den Sieg in der Niederlage, an die Kraft, die sich in der Zerbrechlichkeit der Schönheit verbirgt, an die Würde des Schmerzes, der Verletzungen erträgt und es sich versagt, Vergeltung zu üben.

16. DEZEMBER

Ich glaube an die Wirksamkeit von *ahimsa* – Gewalt-losigkeit – als Mittel, um die geballte physische Stärke zu überwinden, auf der die politische Macht der Staaten größtenteils beruht. Aber wie jedes andere moralische Prinzip muss *ahimsa* aus den Tiefen des Geistes kommen und darf den Menschen nicht als dringende Notwendigkeit von außen aufgezwungen werden. Die großen Persönlichkeiten der Weltgeschichte haben Liebe, Vergebung und Gewaltlosigkeit in erster Linie um der spirituellen Vervollkommnung willen gelehrt und nicht, um auf politischem Gebiet schnelle Erfolge zu erzielen.

17. DEZEMBER

Man sollte nicht ständig danach streben, seinen Glauben zu verbreiten, sondern versuchen, sich in Liebe hinzugeben. Jesus hat nie irgendwelche Dogmen gepredigt, sondern die Liebe Gottes. Das Ziel eines Christen sollte darin bestehen, wie Christus zu werden, und nicht, möglichst viele Kulis für die Plantage seines Herrn zu rekrutieren. Religiöse Lehren zu verbreiten verlangt keine großen Opfer, es ist eher ein Schwelgen in geistigem Luxus, was weitaus gefährlicher ist als alle materiellen Schwelgereien. Es erzeugt die Illusion, man würde seine Pflicht erfüllen und sei besser als seine Mitmenschen. Wahre Vollkommenheit jedoch erreicht man durch Demut und liebende Hingabe.

18. DEZEMBER

Gott möchte in mir nicht seinen Diener sehen, sondern sich selbst, der allen dient.

19. DEZEMBER

Ich bin nicht religiös im herkömmlichen Sinn des Wortes. Ich hege keine Vorstellung von Gott, die von irgendeiner altehrwürdigen Institution abgesegnet worden wäre. Ich bin bloß ein Dichter, der die Menschen und die Schöpfung liebt. Und da Liebe gewisse Einsichten gewährt, kann ich vielleicht behaupten, die leise Stimme der Menschheit vernommen und ihr geheimes Sehnen nach dem Unendlichen gespürt zu haben. Ich hoffe, nicht zu denen zu gehören, die in ein Gefängnis hineingeboren wurden und es nie bemerkt haben. Ihnen wurde nicht nur die Freiheit geraubt, sondern auch das Verlangen danach. Der Grad der Freiheit misst sich an der Verwirklichung des Unendlichen, sowohl in der äußeren Welt als auch in unserem Innenleben. Selbst in einem engen Käfig haben wir vielleicht genug Bewegungsfreiheit und Nahrung im Überfluss, doch unsere angeborene Sehnsucht nach dem Unendlichen bleibt unbefriedigt, wenn sie nicht sogar ganz abgetötet wird.

20. DEZEMBER

Während der gesamten Geschichte der Menschheit ist immer wieder auf tragische Weise offenbar geworden, dass die Religionen, deren Mission die Befreiung der Seele ist, auf die eine oder andere Weise instrumentalisiert wurden, um die Freiheit des Denkens und sogar die moralischen Rechte zu beschneiden. Der Entweihung der Wahrheit, die die Menschheit moralisch und materiell über die trübe Sphäre des Animalischen erhebt, folgte die gebührende Strafe. So erleben wir, wie diese religiöse Verwirrung für mehr Verblendung und für eine stärkere Abstumpfung des Moralgefühls verantwortlich ist als irgendein anderer Mangel in unserer Bildung.

21. DEZEMBER

Viele Religionen haben als Werk der Befreiung begonnen und sind als großes Gefängnis geendet. Auf der Entsagung ihres Gründers erbaut, wurden sie in den Händen der Priester zu habgierigen Einrichtungen, die Allgemeingültigkeit beanspruchten und von denen Streit und Spaltung ausgingen. In ihnen erstickt der menschliche Geist wie ein träger Strom, der von verrottenden Gewächsen gehemmt wird, bis nur noch seichte, faulige Tümpel zurückbleiben. Der mechanische Geist dieser religiösen Traditionen ist zutiefst materialistisch, ist blinde Frömmelei, aber keine Spiritualität.

22. DEZEMBER

Unglücklicherweise sind große Persönlichkeiten zumeist von Leuten umgeben, deren Verstand die hohen Ideale ihres Lehrers verwässert und verdreht. Sie empfinden eine selbstgefällige Befriedigung, wenn das Bild ihres Meisters, das sie präsentieren, Züge aufweist, die an ihre eigenen erinnern. Bewusst und unbewusst bringen sie die Botschaften tiefer Weisheit in die Form ihres eigenen dürftigen Verständnisses. Sie verwandeln sie mit Sorgfalt in konventionelle Plattitüden, in denen sie selbst Trost finden.

23. DEZEMBER

Wer die Wahrheit wirklich liebt, soll sich trauen, sie in ihrer ganzen Fülle zu suchen, in all ihrer unendlichen Schönheit, sich aber nie damit zufrieden geben, ihre sinnentleerten Symbole anzuhäufen und sie in starre Konventionen zu pressen. Lasst uns die großen Seelen würdigen, die in der Schlichtheit ihrer spirituellen Größe, die ihnen allen gemein ist, versuchen, den Geist des Menschen von der Knechtschaft seines eigenen Ego zu befreien, vom Ego seines Volkes und seiner Religion. In den Niederungen der Tradition, wo die Religionen und ihre Lehren einander bekämpfen, dort muss man sie voller Skepsis und Entsetzen meiden.

24. DEZEMBER

Die Ideale von ewigem und universalem Wert wurden in der Geschichte der Menschheit von jenen Mahatmas, den großen Seelen, geschaffen, die ihre Knie nie vor den politischen Herrschern und den Jüngern des Reichtums gebeugt haben, sondern oft aus den Reihen einer zerlumpten Bruderschaft stammten und von den Schergen der Macht verfolgt wurden. Ihnen, die Gottes Liebe zu den Menschen verwirklicht haben, gilt noch heute unsere Achtung, während die einst stolzen Königsthrone samt ihren Handlangern verschwunden und vergessen sind.

25. DEZEMBER

Gott wird großer Königreiche überdrüssig, aber niemals der kleinen Blumen.

26. DEZEMBER

Heute ist Weihnachten. Wir sind ungefähr fünfundvierzig Gäste, die aus verschiedenen Teilen der Vereinigten Staaten hier in New York zusammengekommen sind. Es ist ein wunderschöner Morgen, voll Frieden und Sonnenschein. Aber wo bleibt der Geist der Weihnacht in den Herzen der Menschen? Die Männer und Frauen gönnen sich ein besonders opulentes Mahl und lachen besonders laut. Aber in ihrer Fröhlichkeit findet sich nicht die geringste Spur des Ewigen, keine lichte Heiterkeit der Freude, keine tiefe Hingabe. Welch ein großer Unterschied zu den religiösen Festen bei uns zu Hause! Die Menschen des Abendlandes sind reich geworden, haben aber die Poesie in ihrem Leben getötet.

27. DEZEMBER

Ich plädiere nicht für eine gemeinsame Kirche für die gesamte Menschheit, nicht für ein universales religiöses Schema, dem sich jede Form der Verehrung und Anbetung anzupassen hat. Man muss dem arroganten Geist der Sektierer und Frömmler, die bei der geringsten Provokation – oder auch ganz ohne – aktive oder passive, gewalttätige oder subtile Methoden der Verfolgung anwenden, an die Tatsache erinnern, dass Religion, wie die Poesie, nicht nur eine Idee, sondern auch kreativer Ausdruck ist. Gott selbst drückt sich in der Vielfalt seiner Schöpfung aus. Unsere Haltung dem Unendlichen gegenüber muss ebenfalls individuell und vielfältig sein. Wenn eine Religion den Ehrgeiz entwickelt, der ganzen Menschheit ihre Lehre aufzwingen zu wollen, verkommt sie zu bloßer Unterdrückung.

28. DEZEMBER

Kabir, der mystische Dichter des Mittelalters, der für mich eines der größten spirituellen Genies Indiens ist, gibt dem Verhältnis von spiritueller Wahrheit und äußerer Religion in diesen Zeilen Ausdruck:

Das Juwel ist im Morast versunken,
und alle suchen danach,
manche suchen im Osten, andere im Westen,
manche suchen im Wasser, andere zwischen den
   Steinen,
doch Kabir, der geringste aller Diener,
hat seinen wahren Wert erkannt
und hält es sorgfältig in einem Winkel seines
   Herzens verborgen.

29. DEZEMBER

Die Vision des Lebens, die wir in der Welt erblicken, ist eine Vision der Freude. Sie manifestiert sich in einem ewigen Wechselspiel von Farbe, Musik und Tanz. Läge im Tod Wahrheit, würde dieser Geist der Freude aus dem Herzen des Daseins verschwinden. Dieses Licht der Freude, das wir in der Nacht entzünden, hat nur einen kleinen Docht und wenig Öl. Aber in dieser winzigen Flamme, die im Herzen einer ungeheuren Finsternis brennt, liegt keine Ängstlichkeit, denn die Wahrheit des Lichts, das sie speist, ist unerschöpflich.

30. DEZEMBER

Die Nacht ist zu Ende,
löscht das Licht der rußverschmierten
Lampe in eurem engen Winkel,
im Osten erscheint der helle Morgen,
der für uns alle erstrahlt.
In seinem Licht werden wir uns
gegenseitig erkennen,
die wir auf demselben Pfad pilgern.

31. DEZEMBER

Meine Freunde, das ist alles, was ich, der zur Bruderschaft der nichtsnutzigen Dichter gehört, euch zu sagen habe. Gedenkt stets eurer Verantwortung für die Welt der menschlichen Liebe. Ich beanspruche nicht das Recht, euch Ratschläge zu erteilen oder mich von einem erhöhten Podest aus zu euch zu wenden, ich erbitte nur eine Ecke in eurem Herzen, wo ich als Freund zu euch sprechen kann. Ich wäre glücklich, wenn ihr mich dort empfangen und als einen erkennen würdet, der danach strebt, Gottes Traum der Liebe zu leben.

NACHWORT

»Die Berliner Universität wollte Tagore einen feier-
lichen Empfang bereiten. Aber um die Mittagszeit, als
der Dichter seinen Vortrag halten sollte, stürmten die
Studenten ungeduldig den großen Hörsaal. Der Vize-
kanzler und die Professoren zeigten sich über die
Neugier der Jugendlichen, die keine Grenzen kannte,
überrascht und verärgert. Sie fürchteten regelrechte
Randale, die dem Empfang dieses Herolds der Meditation und Weisheit schlecht angestanden hätte. Der Vi-
zekanzler forderte die Studenten auf, die Würde der
Universität nicht zu verletzen, und drohte damit, die
Polizei zu rufen, falls man seiner Aufforderung nicht
nachkäme. Der Aufruhr legte sich erst nach einer Weile,
und Polizisten mussten Tagore einen Weg zum Podium
bahnen.«[1]

So berichtete die Zeitschrift *Vorwärts* im Juni 1921
über einen Besuch des indischen Dichters Rabindranath Tagore in Berlin. Szenen wie diese bringen wir
heutzutage eher mit Auftritten von Boygroups in Verbindung, aber kaum mit Lesungen von ehrwürdigen
Dichter-Philosophen. Selbst Veranstaltungen des Dalai

Lama, der Tagore in der Rolle des »östlichen Weisheits-
lehrers« hierzulande inzwischen den Rang abgelaufen
hat, sind in der Regel nicht von derartigen emotionalen
Ausbrüchen begleitet.

Die begeisterte Aufnahme, die Tagore, der 1913 als
erster Nichteuropäer den Nobelpreis für Literatur erhielt, 1921 beim ersten seiner drei Besuche in Deutsch-
land erfuhr, war bei aller aufrichtig empfundenen Sympathie auch einer Erwartungshaltung geschuldet, die
nichts mit dem Dichter selbst zu tun hatte. Nach den er-
schütternden Gewalterfahrungen des Ersten Weltkriegs
sehnten sich die Deutschen nach tiefem Frieden und
menschlicher Weisheit – und beides erhofften sie sich
von dem Inder. Eine Frankfurter Zeitung schrieb damals treffend: »Tagore ist die personifizierte Sehnsucht.«[2]

Hinzu kam, dass Tagore mit seinen wallenden weißen
Haaren und dem langen Bart äußerlich genau dem Bild
entsprach, das sich die Deutschen von einem »Weisen
aus dem Morgenland« machten. Seine immense Popu-
larität war also durchaus ein modernes Phänomen, bei
dem das »Image« im wahrsten Sinn des Wortes eine
wichtige Rolle spielte. Tagore war sich dieser problema-
tischen Seite seines Ruhms durchaus bewusst. So
schrieb er seinem Freund Charles Freer Andrews nach

seinem Besuch in Berlin: »Ich bin den Menschen für die freundlichen Gefühle, die sie mir entgegenbringen, zweifellos dankbar. Aber tief in meinem Herzen hat es mich auch bestürzt und beinahe geschmerzt. [...] Die Vorstellung, die sie sich von mir machen, hat eigentlich nichts mit mir zu tun. Ich habe erlebt, wie sich die Leute an mich gedrängt haben, um aus Verehrung den Saum meines Gewandes zu küssen. Es ist grauenvoll, in einer Welt leben zu müssen, die aus den Illusionen anderer Menschen besteht.«[3]

Heute, mit dem Abstand einiger Jahrzehnte, erweist sich die erneute Lektüre von Tagores Schriften jedoch noch immer als durchaus lohnend. Der Leser wird feststellen, dass viele seiner Gedanken zu Völkerverständigung und Religion, zu Bildung und Bewahrung der Schöpfung nichts von ihrer Aktualität verloren haben.

Da Leben und Werk Tagores eng miteinander verflochten sind, ist es von Nutzen, einige Stationen seines Lebenswegs zu betrachten.

Am 7. Mai 1861 wurde Rabindranath Tagore als vierzehntes Kind seiner Eltern in Kalkutta geboren. Sein Großvater war ein wohlhabender Unternehmer, der gleichermaßen für seinen aufwendigen Lebensstil wie für seine große Freigebigkeit bekannt war. Er hinterließ seinem Sohn, Rabindranaths Vater, hohe Schulden, die

dieser mittels einer disziplinierten, asketischen Lebens-
weise abtrug. Großvater wie Vater waren sozial enga-
giert und setzten sich für eine Erneuerung der zur Or-
thodoxie erstarrten hinduistischen Religion ein. Über
die Atmosphäre in seiner Familie schrieb Tagore: »Wir
wurden wegen unserer heterodoxen Meinungen zur Religion geächtet und erfreuten uns daher der Freiheit der
Kastenlosen.«[4]

Vor diesem Hintergrund verwundert es nicht, dass Tagore auch in der Befreiungsbewegung gegen die britische Kolonialherrschaft aktiv tätig war, was ihn in kriti-
scher Freundschaft mit Gandhi verband. Tagore war
derjenige, der Gandhi als Mahatma – große Seele – be-
zeichnete. So sehr er Gandhis Verdienste anerkannte,
scheute Tagore sich jedoch auch nicht, eher unglück-
liche Äußerungen des Mahatma öffentlich zu beanstan-
den. Tagore bemühte sich stets um Aufrichtigkeit. Als
britische Truppen 1919 in Amritsar unbewaffnete Demonstranten niederschossen, gab er den Adelstitel eines
»Sir«, der ihm vier Jahre zuvor verliehen worden war,
unter Protest zurück.

Eine der Herzensangelegenheiten Tagores war die
Schule, die er 1901 im Geiste der alten indischen Ash-
rams fernab der Städte in Shantiniketan, dem »Ort des
Friedens«, gründete. Aufgrund seines eigenen starken

Widerwillens gegen eine starre formalistische Schulbildung versuchte er dort, für die Kinder durch musische Betätigung und unmittelbare Erfahrung der Natur eine Atmosphäre geistiger Freiheit zu schaffen. 1921 erweiterte er die Einrichtung um die »Welt-Universität« Vishva-Bharati, in der sich Gelehrte, Künstler und Studenten aus aller Welt trafen. Der Gedanke der Völkerverständigung zog sich wie ein roter Faden durch Tagores Leben, er selbst schrieb einmal: »Mein Leben folgte der Bahn meines himmlischen Namensvetters, der Sonne (Rabi), und der Rest der mir verbliebenen Zeit gehört dem Westen.«[5]

Und seine Kindheitserinnerungen, die er erst im hohen Alter verfasste, schließt er mit dem Satz: »In meiner Person trafen Ost und West freundschaftlich aufeinander. So war es mir gegeben, mir in meinem Leben der Bedeutung meines Namens bewusst zu werden.«[6] Die Sonne scheint bekanntlich gleichermaßen für Ost und West, ohne einen Unterschied zu machen.

Am 7. August 1941 starb Tagore drei Monate nach seinem 80. Geburtstag in Kalkutta.

Axel Monte

Anmerkungen und Quellennachweis

[1] In: Dietmar Rothermund (Hg.), *Rabindranath Tagore in Germany*, New Delhi 1962, S. 49.

[2] In: Rothermund, S. 13.

[3] In: Sisir Kumar Das (Hg.), *The English Writings of Rabindranath Tagore*, Bd. 3: *A Miscellany*, New Delhi 1996, S. 312.

[4] In: Sisir Kumar Das, S. 684.

[5] In: Sisir Kumar Das, S. 305.

[6] Rabindranath Tagore, *Meine Kindheit in Indien*, Leipzig 2004, S. 190 f.

DIE IN DIESEM BAND ENTHALTENEN TEXTE
WURDEN AUS FOLGENDEN WERKEN
RABINDRANATH TAGORES ÜBERSETZT:

The Message of the Forest, 1919
Hindu Intercaste Marriage Validating Bill, 1919
»Poet's Contribution to Your Noble Work«, 1919
Construction versus Creation, 1920
The Nobel Prize Acceptance Speech, 1921
»The Efficacy of Ahimsa«, 1922
Message to the Young, 1922
To My Ceylon Audience, 1922
The Way to Unity, 1923
The Fourfold Way of India, 1924
The Schoolmaster, 1924
City and Village, 1924
The Indian Ideal of Marriage, 1925
»Knighthood«, 1926
The Philosophy of Our People, 1926
The Rule of the Giant, 1926
Romain Rolland and Tagore, 1926
Letters to a Friend, 1928
Thoughts from Rabindranath Tagore, 1929
Ideals of Education, 1929

The Philosophy of Leisure, 1929
Conversations in Russia, 1930
The Educational Mission of the Visva-Bharati, 1931
The Religion of Man, 1931
My School, 1931
On Proselytism, 1931
Sarnath, 1931
Lectures in Iran and Iraq, 1932
Interviews in Persia, 1932
My Young Friends, 1934
The Religion of an Artist, 1936
To the Citizens of Delhi, 1936
Message to World Peace Congress, 1936
New Education Fellowship, 1936
On India, 1937
Man, 1937
Address at the Parliament of Religions, 1937
China and India, 1937
Alle in: Sisir Kumar Das (Hg.), *The English Writings of Rabindranath Tagore*, Bd. 3: *A Miscellany*, New Delhi 1996

Sadhana, London 1915
Stray Birds, New York 1916
Fireflies, London 1928